Woce

Gottesberührung – Wie Katechese Zukunft hat

Albert Biesinger

Gottesberührung – Wie Katechese Zukunft hat

Erfahrungen – Modelle – Ermutigungen

Unter Mitarbeit von Reinhold Boschki und Bernd Jochen Hilberath
Mit einem Vorwort von Weihbischof Matthäus Karrer

Schwabenverlag

Theresia Hilberath
in dankbarem Gedenken

Für die Schwabenverlag AG ist Nachhaltigkeit ein wichtiger Maßstab ihres Handelns. Wir achten daher auf den Einsatz umweltschonender Ressourcen und Materialien.

Umschlaggestaltung: Finken & Bumiller, Stuttgart
Umschlagabbildung: Thomas Hessler, »Gottesbeziehung«
Satz: Schwabenverlag AG, Ostfildern
Druck: CPI books GmbH, Leck
Hergestellt in Deutschland
ISBN 978-3-7966-1766-9

Inhalt

Vorwort
Weihbischof Matthäus Karrer

Wie Menschen in den Umbrüchen unserer Gesellschaft, in unserer konkreten Lebenswelt und in unserer Kirche Gottesberührung denken und erleben können, ist eine der größten Herausforderungen für eine lebensrelevante und glaubwürdige Verkündigung des Reiches Gottes. Wenn Gott im Alltag nicht spürbar ist, verliert das Christentum seine lebensrelevanten Verheißungen für das Gelingen des menschlichen Zusammenlebens.

Es liegt die Frage auf der Hand: Gibt es bereits schon Anlässe der Gottesberührung im pastoralen und pädagogischen Handeln in den Gemeinden, Einrichtungen und Verbänden unserer Kirche? Und: In welcher Qualität können Menschen Gott spüren: in der Feier der Gottesdienste, in der Vorbereitung auf die Sakramente, in der Seelsorge, im Leben der Familie, im Alltag …?

Bei allen Strukturdiskussionen, die die Katholische Kirche im deutschsprachigen Raum beschäftigen, darf diese zentrale Herausforderung nicht in den Hintergrund gedrängt werden: Es geht um Gott und wie er uns Menschen berührt. Es geht um unsere Begegnung mit dem Heiligen, mit dem Göttlichen; christlich profiliert: um die persönliche Beziehung zum Schöpfer der Welt, zum Heiland und Erlöser der Welt und zum Geist Gottes, der in uns wirkt.

Dieser Band konzentriert sich mit praxiserprobten Beispielen und Anregungen sowie mit fundierten theologischen Elementarisierungen auf die großen Anlässe in der Biografie von Kindern, Eltern und Großeltern. Es geht um alle Generationen. Mit Gott in Berührung zu treten, sich von Gott berühren zu lassen – das geht alle an. Und gegenseitig entsteht diese spannende Suche nach den großen Verheißungen für unser Leben.

Schwangerschaft und Geburt, die Zusagen Gottes in der Taufe, die ersten großen Kinderfragen während der Kindergarten-Phase und die Begleitung von Kindern und Eltern auf dem Weg zur Erstkommunion weit zu denken, ist ein Grundanliegen dieses Buches. Es konzentriert sich bewusst auf diese Anlässe. Sicher gibt es noch viele andere Möglichkeiten und Herausforderungen in Pastoral, Katechese, Pädagogik und Caritas. Diese sollen in diesem Band nicht weiter bearbeitet werden, weil sich die Autoren in voller Absicht auf die ersten Lebensjahre von uns Menschen und das Zusammenspiel der Generationen in der Glaubenskommunikation konzentriert haben. Das Buch integriert neueste empirische Forschungsergebnisse ebenso wie theologische und spirituelle Fundierungen. Bernd Jochen Hilberath gelingt es, Gottesberührung als theologische Herausforderung überhaupt und Gottesberührung in der Taufe und Eucharistie tiefgründig und plastisch zu erschließen. Reinhold Boschki skizziert in einem kreativen Ausblick Gottesberührung im Blick auf eine zukunftsfähige Katechese. Und Albert Biesinger hat mit diesem Autorenteam bereits schon jahrelang an diesem Thema gearbeitet und stellt seine in vielen Situationen erprobten Vorschläge und Praxiserfahrungen als Ermutigung vor. Dieses Buch will ehrenamtliche und hauptberufliche Mitarbeiterinnen und Mitarbeiter, Eltern und Großeltern als Begleiterinnen und Begleiter der Kinder und als gegenseitige Begleiterinnen und Begleiter stärken und ihnen Anregungen geben, selbst in ihrer Gotteserfahrung weiterzukommen.

Ich wünsche diesem Band eine weite Verbreitung, noch mehr aber, dass er Menschen anregt, mit Optimismus Gottesberührung zu suchen und zu finden.

1. Gott berühren – geht das denn überhaupt?

Geht das denn überhaupt: Gott berühren? Es kommt darauf an, wie ich mir Gott vorstelle und ob und wie mich Gott bereits berührt hat. Schon allein die Tatsache, dass ich auf dieser Erde bin, belegt, dass der Schöpfer der Welt mich berührt hat. Natürlich haben mich meine Eltern ins Leben geholt. Und die Entwicklung des Menschen geht über die differenzierten Wege der Evolution. Dies alles setze ich voraus.
Aber: Es ist und bleibt ein Geheimnis Gottes, dass ich bin.
Ich beginne mit einer Situation aus der Praxis:

Aus der Praxis
Mit Freude beginnen

Wie Erstkommunionkatechese mit großer Freude der Gemeinde begleitet und in welcher Stimmung und Kommunikation der Kommunionweg des neuen Jahrganges eröffnet wird, ist mit ausschlaggebend für die Gottesberührung.

Ein Beispiel aus der Gemeinde St. Peter und Paul in Bühl / Baden
Die Familien der Erstkommunionkinder des neuen Jahrganges werden im Herbst zum Sonntagsgottesdienst eingeladen, ebenso die Familien der Kommunionkinder des letzten Jahrgangs, aus dem Kinder in den Kreis der Ministrantinnen und Ministranten aufgenommen werden.
Auch die Firmanden sind eingeladen, sie sind auf der letzten Etappe vor ihrem großen Fest.

Pfarrer Geißler begrüßt:
»Es ist heute ein großer Festtag. Ihr Kinder beginnt den Weg zur Erstkommunion gemeinsam mit euren Eltern. Und ihr werdet begleitet von den Kindern und ihren Familien, die vor einigen Monaten hier zur Erstkommunion gegangen sind und heute in unsere große Ministranten-Schar – es sind über 100 – aufgenommen werden.

Herzlich willkommen!

Die künftigen Kommunionkinder dürfen sich mal so richtig bemerkbar machen. Stellt euch auf die Kirchenbänke, damit alle euch sehen können. Mama und Papa sollen jetzt mal ein Auge zudrücken. Heute dürfen die Kinder das. Und wir begrüßen euch.«
Langer Beifall in der übervollen Kirche.

»Und jetzt stellen sich die neuen Ministrantinnen und Ministranten vor. Ihr habt euch dafür entschieden, regelmäßig in den Gottesdiensten mitzuhelfen, wenn wir mit Jesus die Eucharistie feiern, so wie er es uns aufgetragen hat.
Wenn ihr Ministranten einmal zu mir um den Altar kommt, damit euch alle sehen. Dann dürft ihr mal nach hinten winken zu euren Eltern und euren Freunden. Auch euch begrüßen wir mit großer Freude.

Jetzt wäre es gut, wenn ihr Firmanden euch mit euren Tüchern bemerkbar macht, mit denen könnt ja ebenfalls einmal kurz winken, damit wir euch alle sehen.
Wir begrüßen euch und eure Eltern mit großer Freude. Ihr habt euch sehr intensiv vorbereitet auf eure Firmung, die ja bald sein wird.

Jetzt wollen wir gemeinsam das tun, was uns Jesus aufgetragen hat. Ihr Kinder könnt nach vorne kommen und beim Bußakt mitwirken.
Nach dem Evangelium werden die neuen Ministrantinnen und Ministranten erklären, was sie jetzt schon gelernt haben. Und die Firmanden werden heute in diesem Gottesdienst die Fürbitten sprechen.
Sie alle – Jung und Alt – sind heute in einer besonderen Weise in der Berührung mit Gott. Es sind verschiedene Anlässe, die uns zusammengeführt haben. Aber in der Mitte aller unserer Anlässe steht die Berührung mit dem Heiligen. Wir wollen aus dieser eiligen Zeit eine heilige Zeit machen und uns in dieser Stunde vom Heiland der Welt berühren lassen.«

In der Predigt erklärt der Pfarrer Eltern, Kindern und Jugendlichen – aber eben auch der ganzen Gemeinde –, was diese Berührung mit Gott für das Leben bringt. Sie weitet unseren Horizont. Wir sind getragen und umhüllt von der Kraft Gottes. Unser Leben bekommt eine Bedeutung, die wir uns selber nicht geben können.

Der Gottesdienst wird begleitet von einer Musikgruppe, deren Jugendliche immer wieder Liturgische Feiern mitgestalten. Die Stimmung und die Freude im Raum ist unglaublich.
Am Ende der Eucharistiefeier gibt es strahlende Gesichter und noch viele Gespräche in der Kirche und vor der Kirche.

Es ist dies ein Beispiel dafür, wie Katechese Gemeinde aufbaut und strukturiert.
Auch für mich war diese liturgische Erfahrung eine Ermutigung dafür, wie wichtig eine gute Qualität von Sakramentenkatechese für die Zukunft von Kindern, Eltern und Großeltern, ja für alle Generationen ist und wie sie gelingen kann.

Wie Gottesberührung möglich ist, wenn Eltern schwanger und in der Geburtsphase sind, wenn sie für ihre Kinder um die Taufe bitten, wenn ihre Kinder in die Kita gehen und wenn sich Familien auf den Weg zur Erstkommunion und darüber hinaus machen – dies interessiert mich seit vielen Jahren – persönlich als Vater und Großvater, aber auch als Theologe.
Es geht in diesem Buch also nicht um Katechese mit trauernden Angehörigen, mit Singles, mit Jugendlichen oder in Justizvollzugsanstalten. Es geht auch nicht um Katechese mit Menschen in Trennungsphasen. Jede dieser Personengruppen wäre ein eigenes Buch wert.
Es geht um die Glaubenskommunikation von und mit Eltern und Kindern in wie auch immer strukturierten Gemeinden in der Situation von Schwangerschaft, Geburt, Taufe, Kita, Erstkommunion.
Mein Blick gründet in der Überzeugung und Motivation, dass die nachwachsende Generation von Kindern und jungen Eltern eine besondere Herausfor-

derung für die Gottesberührung angesichts der gesellschaftlichen Umbrüche darstellt.

Es geht also in diesem Buch nicht nur um Familienkatechese in der Phase der Erstkommunion. Die Herausforderung, Familien zu begleiten, beginnt schließlich schon viel früher: in der Schwangerschaft, der Geburtsvorbereitung, nach der Geburt und auf dem Weg zur Taufe des Säuglings oder des Kindes. Familienorientierte Gottesberührung ist relevant im Kontext von Kindergarten und Kindertagesstätten sowie beim Übergang in die Schulen und im Kontext des schulischen Religionsunterrichts.

Familienorientierte Gottesberührung ereignet sich zwischen den Generationen, zwischen Eltern und ihren Kindern, oft auch den Großeltern.[1]

Papst Franziskus geht es in seinem Schreiben »Amoris laetitia« genau darum, wie Familien selbst Gottesberührung vollziehen und wie sie dabei begleitet werden:

Den Glauben weitergeben

Die Erziehung der Kinder muss von einem Weg der Glaubenskommunikation geprägt sein. Das wird erschwert durch den aktuellen Lebensstil, durch die Arbeitszeiten und durch die Kompliziertheit der Welt von heute, wo viele einen hektischen Rhythmus leben, um überleben zu können. Trotzdem muss das Zuhause weiter der Ort sein, wo gelehrt wird, die Gründe und die Schönheit des Glaubens zu erkennen, zu beten und dem Nächsten zu dienen. Das beginnt mit der Taufe, wo – wie der heilige Augustinus sagte – die Mütter, die ihre Kinder bringen, »an der heiligen Geburt mitwirken«. Danach beginnt der Weg des Wachstums dieses neuen Lebens. Der Glaube ist ein Geschenk Gottes, das in der Taufe empfangen wird, und nicht das Ergebnis eines menschlichen Tuns, doch die Eltern sind Werkzeuge Gottes für seine Reifung und Entfaltung. »Es ist schön, wenn Mütter ihre kleinen Kinder anleiten, Jesus oder der Gottesmutter einen Kuss zu senden. Wie viel Zärtlichkeit liegt darin! In jenem Augenblick wird das Herz der Kinder zu einem Ort des Gebets.« Die Weitergabe des Glaubens setzt voraus, dass die Eltern die wirkliche Erfahrung machen, auf Gott zu vertrauen, ihn zu suchen, ihn zu brauchen. Denn nur auf diese Weise verkündet ein Geschlecht dem andern den Ruhm seiner Werke und erzählt von seinen gewaltigen Taten (vgl. Ps 145,4), nur so erzählt der Vater den Kindern von Gottes

Treue (vgl. Jes 38,19). Das erfordert, dass wir das Handeln Gottes in den Herzen, dort, wo wir nicht hingelangen können, erflehen. Das Senfkorn, der so kleine Same, wird zu einem großen Baum (vgl. Mt 13,31–32), und so erkennen wir die Unverhältnismäßigkeit zwischen dem Handeln und seiner Wirkung. Dann wissen wir, dass wir nicht Herren der Gabe sind, sondern ihre sorgsamen Verwalter. Unser kreativer Einsatz ist jedoch ein Beitrag, der uns mit Gottes Initiative mitarbeiten lässt. Daher sind »die Ehepaare, die Mütter und Väter, in Zusammenarbeit mit den Priestern, den Diakonen, den Personen gottgeweihten Lebens und den Katecheten als aktive Subjekte der Katechese wertzuschätzen [ ] Von großer Hilfe ist die Familienkatechese als wirksame Methode, um die jungen Eltern auszubilden und ihnen ihre Sendung als Verkünder des Evangeliums in ihrer eigenen Familie bewusst zu machen.«

Papst Franziskus, Enzyklika »Amoris laetitia« Nr. 287

Der Vers »Seid allezeit bereit zur Verantwortung vor jedermann, der von euch Rechenschaft fordert über die Hoffnung, die in euch ist« aus dem ersten Petrusbrief (3,14–15) formuliert eine Grundkompetenz für Katechese – eben auch in Familien. Weihbischof Matthäus Karrer hat sich dies bei seiner Bischofsweihe 2017 als Leitspruch gewählt.

Meine befreundeten Tübinger Kollegen Reinhold Boschki und Bernd Jochen Hilberath habe ich gebeten, ihre spezifische theologische Kompetenz in dieses Buch einzubringen. Ihre Beiträge bereichern die Argumentation »Gottesberührung« aus verschiedenen interessanten Blickwinkeln ganz wesentlich. Ihnen und Weihbischof Matthäus Karrer danke ich für erfreuliche langjährige und erfolgreiche Zusammenarbeit.

Das mittlerweile vergriffene Studienbuch »Gotteskommunikation: Religionspädagogische Lehr- und Lernprozesse in Familie, Schule und Gemeinde«[2] diente als wissenschaftliche Grundlage für diesen Band. Einzelne Zitate daraus sind unter dem Aspekt der Lesefreundlichkeit nicht gesondert angegeben.

Studienrätin Simone Hiller, Dr. Jörn Hauf, Dr. Holger Stroezel und Prof. Dr. Ralf Gaus danke ich für viele kompetente Diskurse und Hinweise zu dieser

Thematik. Meiner Schwiegertochter Dipl.-Psych. Julia Biesinger danke ich für wesentliche Rückfragen und kreative Vorschläge bei der Erarbeitung dieses Buches.

Mein spezieller Dank gilt den vielen Menschen in Lateinamerika, in Europa und in China, die mich zu einem »neuen Denken« in der Katechese provoziert, ermutigt, kritisch hinterfragt, aber auch sehr oft bestätigt haben.

Ich habe in viele leuchtende Augen von Eltern sehen können, wenn ich mit ihnen gemeinsam neue Zugänge für ihre eigene Gottesbeziehung mit ihren Kindern suchen und oft auch erschließen konnte.

Katechese ist zu einem großen Abenteuer meines Lebens geworden. Ich habe Gott in dieser Kommunikation mit Eltern und Kindern neu entdeckt und bin dafür mehr als dankbar.

Bischof Gebhard Fürst sowie die Kardinäle Walter Kasper und Karl Lehmann haben immer wieder interessiert nachgehakt und unterstützt.

Dem Autorenteam, das die Materialien zur Familienkatechese über Jahre erarbeitet und weiter entwickelt hat, danke ich, besonders: Reinhold Boschki, Barbara Berger, David Biesinger, Herbert Bendel und Jörn Hauf.

Alles hat seine Zeit. Ein wahrer Spruch aus der Bibel. In meinen Anfangsjahren als Professor habe ich den Eltern zu wenig zugetraut und die Familie als Ort der Gotteskommunikation und Gottesberührung erst Schritt für Schritt selbst entdeckt.
Deswegen kann ich auch manche gut verstehen, für die dieses Buch eine Provokation ist. Aber Provokationen sind angesichts der Umwälzungen in unserer Gesellschaft und in unserer Kirche möglicherweise heilsam.

Albert Biesinger

2. Katechese als Gottesberührung

Wenn Gott als Schöpfer hinter meinem Leben steht und mir mein Leben ermöglicht hat, dann bin ich in unmittelbarer Berührung mit ihm. Er hat mich berührt – längst bevor ich ihn berühren konnte und kann. Es geht in unserem Leben und Handeln darum, wie ich auf diese großen Zusagen von ihm eingehe und mich von ihm berühren lasse. Und: Wie ich von meiner Seite aus als Antwort auf sein Wort in Berührung mit ihm sein und mit ihm mein Leben gestalten will.

Gottesberührung ist Beziehung mit Gott. Wenn ich meine ganze Existenz als von Gott umfangen verstehe, dann bin ich in allem, was mein Leben ausmacht, in Gottesberührung.

Berührung denke ich zunächst einmal als Tasten. Wir kennen die liebende, zärtliche, alltägliche Berührung, wenn wir jemanden umarmen, zwischen Kindern, Eltern und Großeltern, zwischen Geschwistern und Freunden oder auch, wenn wir jemand die Hand schütteln. Wir kennen die körperliche, erotische Berührung. Wir kennen aber eben auch die negative Berührung, Schläge und destruktive Aggression. Auch mit Worten oder den Gefühlen, die wir uns gegenüber wahrnehmen, berühren wir uns.

Warum aber Katechese als Gottesberührung? Weil Gott uns berühren will mit seinen großen Verheißungen, die wir in der Taufe, in der Eucharistie, aber auch in den alltäglichen Lebenszusammenhängen spüren.

Dass Gott in Berührung mit uns sein will, ist ja nicht meine eigene Erfindung. Ich verlasse mich vielmehr auf die großen Verheißungen, die Jesus hinterlassen hat.

»Opa, hast du denn den lieben Gott schon einmal gesehen?« – das hat mich mein damals sechsjähriger Enkel auf dem Heimweg vom Kindergarten gefragt. Ich habe auf dem Gehweg angehalten und ihm geantwortet: »Noah, ich habe den lieben Gott auch noch nie gesehen. Mit unseren Augen kann man Gott nicht sehen. Unsere Augen reichen dafür nicht aus. Gott ist so ganz anders und so groß. Aber ich weiß ziemlich viel über Gott, weil ich die Geschichten, die Jesus über Gott erzählt hat, kenne. Jesus hat uns ganz Wichtiges über Gott erzählt.«

Später habe ich weiter mit ihm gesprochen: Jesus hat die Kinder in seine Arme genommen und sie gesegnet. Er hat eine Frau vor der Steinigung bewahrt. Er hat Kranke geheilt. Jesus war selbst immer in Berührung mit Gott. Er hat sich von der Kraft Gottes durchdringen lassen. Und er konnte damit uns Menschen große Hoffnungen geben.

Gottesberührung ist für mich eine spirituelle Übung geworden

Oft gehe ich in Gedanken wie in einer spirituellen Zeitreise zurück in meine eigene Kindheit. Ich schaue mich an, wie ich als zehnjähriger Junge war. Dazu habe ich noch viele Bilder und Situationen im Gedächtnis: Wie ich mit großen Augen, neugierig und voller Lebensfreude unterwegs war im Übergang zur weiterführenden Schule.

Ich gehe weiter zurück bis in die Kindergartenzeit und lasse Bilder aufsteigen, wie ich mit Gott in Berührung kam. Beispielsweise der Heilige Abend in unserer Familie. Wir fünf Kinder stehen mit leuchtenden Augen mit unseren Eltern im »Weihnachtszimmer« vor der Krippe. Wir lesen die Weihnachtsgeschichte aus der Bibel, singen Lieder und spüren: Dieses Kind in der Krippe berührt uns. Wir sind in Berührung mit dem Heiland der Welt. Bis heute bin ich meinen Eltern dankbar, dass sie uns diese Gottesberührung ermöglicht haben.

Ein anderes Bild steigt in mir auf: Meine Oma kniet auf der Straße laut betend nieder, weil mein jüngerer Bruder schwer verunglückt ist und es nicht klar war, ob er überleben kann.

Gott hat mich auch berührt beim Krippenspiel im Kindergarten. Ich war ein Hirte. Obwohl ich lieber Josef gewesen wäre. Aber Bauernkinder waren von vornherein Hirten. Der Glanz des Glanzes hat mich tief beeindruckt und berührt.

Oder das Bild meines Vaters, der abends an unser Bett gekommen ist und noch mit uns gebetet hat.

Ich gehe weiter in meinen Erinnerungen. Ich komme zur Erstkommunion. Wer hat mich vorbereitet und mich mit dem Geheimnis dieses Brotes in Berührung gebracht? Ich komme mit der Gemeinde in Berührung. Wir ziehen mit Kreuz und Fahne in die voll besetzte Kirche ein. Es geht ein Schaudern durch meinen Körper, als ich nach vorne gehe und den »Leib Christi« bekomme. Der Heiland der Welt berührt mich in diesem gebrochenen Brot geradezu körperlich.

Gottesberührung pur! Ein Tag voller Glück. Mein Erstkommuniontag war das größte Fest meiner Kindheit.

Ich komme in die Pubertät. Ich beginne zu zweifeln. Manches von dem, was sie mir gesagt haben, stimmt gar nicht. Es ist eine Herausforderung für mich, in der Berührung mit Gott zu bleiben. Ich lerne, Gott ist offensichtlich anders, als ich ihn mir als Kind vorgestellt habe. Aber auch der, der Gott anzweifelt, bleibt ja – in Nähe oder Distanz – in Berührung mit Gott.

Ein großer Gedankenschritt: Die große Liebe. Gott vertraut uns ein Kind an. Selbstverständlich holen meine Frau und ich dieses Kind ins Leben. Aber dabei steht ein viel größeres Geheimnis dahinter: Gott berührt mich als Mann, und ich werde durch dieses Kind zu einem Vater – so wie meine Frau zur Mutter wird.

Kinder sind Gottesberührung. In den Kindern berührt uns Gott, der Schöpfer der Welt. Sie sind berührende Gabe und berührende Aufgabe für unser Leben – für immer.

Wir bitten für unser Kind um die Taufe. Der Schöpfer dieses Kindes öffnet ihm den Himmel. Taufe ist Gottesberührung. In den Ritualen der Taufe wird geradezu heftig deutlich: In diesem Wasser ist Leben. Leben aus Gott. *In diesem Wasser berührt dich Gott. In diesem heiligen Öl berührt dich Gott und du wirst ein Königskind in der Königsherrschaft Gottes. Und in diesem Licht der Taufkerze berührt dich das Licht Gottes. Das Licht der Osternacht. Werde selber zu einem Licht – für deine Eltern, für die Menschen, mit denen du lebst. Und in diesem weißen Kleid berührt dich die Verheißung, dass du über den Tod hinaus beim »ewigen Hochzeitsmahl« weiter existieren kannst und wirst.*

Bald stellt unser Kind große Fragen:

»Wo war ich eigentlich, als ich noch nicht da war?« »Papa, machst du den toten Vogel wieder lebendig?« »Gibt es denn den lieben Gott überhaupt, wenn man ihn gar nicht sehen kann?«

Fragen über Fragen, Berührung über Berührung. Auch in den großen Fragen berührt uns Gott.

Es geht schneller als gedacht. Unser Kind geht zur Erstkommunion. Jetzt berührt sich meine eigene Erstkommunion mit der Erstkommunion meines Kindes heute. Es ist ein spiritueller Knotenpunkt.

Wie begleite ich mein Kind und wie begleite ich die mir anvertrauten Kinder auf ihrem Weg zur Erstkommunion?

Wo bleiben ihre Eltern?

Wie diene ich Eltern und Kindern auf ihrem Weg zur Erstkommunion in ihrer eigenen Gottesberührung am sinnvollsten und am besten? Und zwar so, dass ich sie anleite, sich selbst in Berührung mit Gott zu bringen.

Aus der Praxis
Zeitreise in den Abendmahlsaal – mit Kindern und Eltern

Oft mache ich mit Kindern und Eltern eine Zeitreise zurück in den Abendmahlsaal. Ich setze mich direkt neben Jesus. Er legt seinen Arm um mich, schaut mich intensiv an und sagt: »Du gehörst zu mir. Für immer – auch über den Tod hinaus. Nichts kann dich von mir trennen.«

Worum geht es bei Katechese?

Mit dem innovativen Religionspädagogen Johann Baptist Hirscher – er war vor ca. 200 Jahren Professor in Tübingen und Freiburg – kann man es so formulieren: Katechese ist die »Mitteilung des Wortes«, aber darüber hinaus auch die »Vollziehung des Wortes«.[3] Es geht um die Mitteilung der großen Verheißungen Gottes:

– Du bist kein »Zufallstreffer« deiner Eltern. Du bist von mir radikal geliebt, und ich habe dir etwas von mir mitgegeben – ein göttliches Licht für dein Leben, das nie erlöschen wird.

– Ich bin zwar nicht dein großer Wunscherfüller. Aber wie auch immer dein Leben im Auf und Ab verläuft, nichts wird mich von dir trennen. Als dein Schöpfer gehe ich nicht weg, wenn es in deinem Leben dunkel wird.

– Nahe will ich dir sein. Näher als in Jesus Christus, der zum Heiland der Welt geworden ist und bleiben wird, kann ich dir gar nicht mehr kommen.

– In den Ritualen der Taufe, der Umkehr und Vergebung, der Eucharistie und Firmung und der Ehe bin ich mitten unter euch.

Und es geht um einen eigenständigen, verstehenden Vollzug dieser großen Verheißungen Gottes. Wenn ihr zu verstehen versucht, was dies alles heißt, dann ist das Katechese. *Wenn ihr die Sakramente vollzieht, geschieht die Antwort auf das bereits zugesagte Wort.* Katechese ist keine anstrengende und angstmachende Veranstaltung der Kirche. Sie ist Gottesberührung pur. Es geht um viel. Es geht um Gott. Es geht darum, dass wir umhüllt sind von der Liebesenergie Gottes – wie es uns das Bild »Gottesbeziehung« auf dem Cover dieses Buches eindrucksvoll erschließt.

Wie sich dies praktisch umsetzen lassen kann, zeigt das folgende Beispiel:

Aus der Praxis
Was kommt da auf uns zu?

Ich sitze mit acht Tauffamilien und einigen Taufpatinnen und Taufpaten am großen Tisch im Pfarrhaus. Wir versuchen gemeinsam, die Gottesberührung in der Taufe zu verstehen und entsprechend die liturgische Feier vorzubereiten. Ich begrüße alle herzlich einzeln und versuche, eine unkomplizierte Kommunikation aufzubauen. In den Augen der Eltern sehe ich Fragen: »Was kommt da auf mich zu, wie wird es wohl gehen?«
Nach einer kurzen Vorstellungsrunde gebe ich einen kurzen Input zu den Themen:
Was gewinnt ein Kind, wenn es getauft wird?
Und was gewinnen Eltern und Paten und ihre Familien, wenn sich in der Taufe ihrem Kind der Himmel öffnet?
Man muss sein Kind ja nicht taufen lassen. Aber wenn ein Kind getauft wird, dann kommt ihm Gott entgegen: »Du bist mein geliebter Sohn, du bist meine geliebte Tochter. Du kommst von mir, ich werde dich im Auf und Ab des Lebens begleiten, und du kommst nach deinem irdischen Leben wieder zu mir.«

Katechese ist die große Einladung und der alltagtaugliche Weg, Gottesberührung im eigenen Leben zu spüren. Gerade wenn man in der Katechese auf alle Familien zugeht, sie ermuntert und unterstützt, den ihnen jeweils möglichen Weg zu gehen, überwindet man die bisweilen schmerzlich erfahrbare Kluft, nur bestimmte Kreise zu erreichen, die eh schon motiviert sind. Um Motivation geht es dabei auch immer, um Selbst-Motivation derer, die anleiten, und Selbst-Motivation derer, die sich auf die Gottesberührung in der eigenen Familie einlassen.

Kinder sind Gottesberührung pur. Kinder sind ein Qualitätssprung für die eigene Existenz, wenn wir Eltern werden – gleichzeitig Freude, aber auch Sorge und Herausforderung:
Es ist eine vornehme Aufgabe der Gemeinde, für Kinder zu »kämpfen«.
Es darf ihr nicht gleichgültig sein, dass manche Kinder morgens hungrig in die Schule kommen, dass sie zu Hause malträtiert werden und »leiden wie ein Hund« – so hat es kürzlich ein Kind selbst formuliert. Es darf ihr auch nicht gleichgültig sein, wenn Eltern ihre Kinder religiös verwahrlosen lassen.

Gottesberührung hat ihre eigenen Anlässe
In Elterntreffen verschiedenster Art – etwa auch als »Elternschule« oder »Elternforum« angesiedelt und entwickelt von Kindertagesstätten, Schulen und Gemeinden, auch in Kooperation mit der kirchlichen Erwachsenenbildung – können Eltern praxisnah lernen, Glaubenskommunikation in ihrer Familie zu realisieren. In diesem Zusammenhang kann Eltern auch ein Überblick über die religiöse Erziehung unterstützende Materialien und Medien[4] gegeben werden, angefangen von theologisch angemessenen Kinderbibeln bis hin zur Kriterienfindung zu Angeboten, wie sie mittlerweile zahlreich im Internet zu finden sind.

Hintergrundinformation
Anlass-orientierte Gottesberührung auch bei Eltern

Viele Eltern handeln im Blick auf Religiosität und religiöses Lernen anlass-orientiert. Zentrale Anlässe sind Taufkatechese in Elterngruppen, Erst-kommunion als Familienkatechese sowie die Firmkatechese. Für viele Menschen in den Gemeinden sind dies Anlässe, in denen sie (wieder) die eigene Existenz unter dem Horizont der christlichen Gotteskommunika-tion Schritt für Schritt, in verschiedenen Qualitäten und Dosierungen buchstabieren.

Sie sind unterschiedlich interessiert und steigen bisweilen auch zweifelnd in den Prozess ein. Für viele junge Eltern ist die Erstkommunion der eige-nen Kinder die biografische Kontaktaufnahme mit den religiösen Erfah-rungen der eigenen Kindheit und damit ein wesentlicher Schlüssel für die (erneute) Gottesberührung auf Erwachsenenebene. »Erstkommunion als Familienkatechese« ist ein Weg, der Kinder und ihre Eltern gemeinsam in ihrer Gottesberührung begleitet (siehe Kap. 9).

Durch Partizipation und Interaktion lernen Kinder mit ihren Eltern und um-gekehrt, das eigene Leben als Existenz in der Gotteskommunikation zu deuten und zu feiern. Die Familie ist dabei nicht als »ideale Familie« zu ver-stehen, vielmehr ist situationsgerecht aus der Sicht von Kindern Familie dort, wo Kinder mit Vater und Mutter, Vater oder Mutter (Alleinerzie-hende, Patchwork-, Heim-, Pflege-, Großeltern- und Adoptiveltern-Fami-lien) leben[5]. Es trifft Eltern und Kinder in schwierigen familiären Konstella-tionen hart und erschwert es ihnen ungemein, wenn ihnen zusätzlich auch noch die Befähigung zur Gottesberührung abgesprochen wird. Für die große Mehrheit der Kinder und Jugendlichen ist die eigene – wie auch immer strukturierte – Familie zentraler Stabilitätszusammenhang und au-thentischer Lebenskontext.

Wahrzunehmen ist, dass für Eltern die Frage nach der religiösen Erziehung ihrer Kinder bedeutsam ist und dass sie ein Recht auf Unterstützung hierfür und auch für ihren eigenen Glauben haben.

Viele Eltern sind dankbar, wenn sie niederschwellige Zugänge angstfrei erleben.

3. Gottes Berührung, theo-logisch betrachtet
Bernd Jochen Hilberath

Gottesberührung lässt sich auf zweifache Weise verstehen: Menschen rühren an Gott – oder: Gott berührt den Menschen. Im ersten Fall geht die Bewegung vom Menschen aus und Gott ist Objekt: Berührung Gottes. Im zweiten Fall erfolgt die Bewegung in umgekehrter Richtung, nämlich von Gott zum Menschen: Gottes Berührung. Macht das einen Unterschied? Ja, und zwar einen grundsätzlichen! Das zeigt sich, wenn wir den Bewegungsrichtungen nachschauen und ein wenig nach-denken:

Können Menschen Gott berühren?

Können Menschen die Götter, das Göttliche, den (einen, wahren) Gott erreichen? Durch Gedanken der Philosophie und Theologie? Durch das Gebet als Sprechen zu Gott? Durch Symbole und Riten? Wenn Gott unendlich ist, wie kann der endliche Mensch an Gott herankommen oder ihn gar be-greifen? In der Geschichte der Menschheit finden wir von Anfang an die Gewissheit religiöser Menschen, im Kontakt mit der Gottheit zu sein. Und es findet sich ebenso die religionskritische Anfrage, ob das überhaupt möglich ist: Gott ist doch transzendent, das heißt: Er übersteigt alles, er ist unbe-greiflich. In dieser Perspektive muss die Frage, ob »es Gott gibt«, zumindest offenbleiben, wenn nicht sogar alles (?) dagegen spricht. Hinzu kommt, dass Menschen, die behaupten, mit Gott in Kontakt zu sein, für die einen zu religiösen Führern oder Begleitern werden können, auf andere eher abschreckend wirken. Auch in unserer heutigen Gesellschaft finden wir diese ganze Bandbreite vor, nämlich zwischen den »unerschütterlich« religiösen Menschen an dem einen Ende des Spektrums und den Mitmenschen, die das baldige Ende des Auslaufmodells Religion / Glaube / Kirche herbeireden, am anderen Ende.

Mittendrin finden sich Christinnen und Christen wieder, die sich mehr oder weniger trauen, über ihren Glauben zu sprechen. Die Bilanz des Pro und Contra ihrer Lebenserfahrungen lässt sie überzeugt sein, dass es für sie zum Glauben keine Alternative gibt. Allerdings: Wer darüber vollmundig redet, macht sich verdächtig – auch bei Gläubigen. Weshalb? Weil dabei vergessen werden könnte, dass die Gottesberührung, die von Menschen ausgeht, allererst durch Gottes Berührung des Menschen ermöglicht wird. Deshalb gilt zweierlei:

Gott lässt sich berühren

Religiöse Menschen sind davon überzeugt, dass sie Gott nicht erfunden, dass sie ihn sich nicht ausgedacht haben. Gott ist für sie keine Projektion ihrer Sehnsüchte und kein Lückenbüßer für das, was Menschen nicht erkennen oder tun können. Nein, es ist vielmehr umgekehrt: Gläubige Menschen sind überzeugt, dass ihre Theo-logie, ihr Reden von und zu Gott, durch Gott selbst angestoßen ist. Weil Gott sich zu erfahren gibt, gibt es Menschen, die an Gott glauben und andere für diesen Glauben anstiften, ja auch begeistern wollen. Die Bewegung geht von Gott aus, die Logik des Glaubens ist eine von Gott ausgehende Theo-logik. Entscheidend ist nicht das vom Menschen ausgehende Nachdenken darüber, ob es Gott gibt. Allzu schnell kann dabei Gott zu einem Objekt unter vielen werden, die »es gibt«. Deshalb heißt es in der Theo-logie: Einen Gott, den »es gibt«, den gibt es gar nicht. Gott gibt es nicht so, wie es Tiere und Pflanzen, wie es Afrika und Digitalisierung gibt. Was dann? Entscheidend ist, dass Gott sich gibt! Das ist die gläubige Überzeugung durch alles Fragen und Zweifeln hindurch: Gott lässt sich erfahren, er gibt sich zu erkennen, zu spüren, er berührt die (Herzen der) Menschen.

Dass Gott (die Götter, das Göttliche) die Menschen berührt, dürfte Grundüberzeugung aller, zumindest der meisten Religionen sein. Das gilt gerade auch für die drei »großen« monotheistischen Religionen. Judentum und Islam betonen dabei vor allem die Transzendenz Gottes (Jahwes, Allahs). Die göttliche Souveränität zu wahren und jede Art der Vermenschlichung Gottes zu vermeiden, ist ihr Anliegen. Demgegenüber geht das Christentum das Risiko ein – ohne die Weltüberlegenheit (Transzendenz) Gottes zu leugnen –, die Immanenz Gottes, seine Anwesenheit in der Welt, zu verkünden. Und das in einer nicht mehr zu überbietenden Weise, indem Christen gläubig bezeugen, dass Gott den Menschen als Mensch begegnet – ohne dabei aufzuhören, Gott zu sein. Juden und Muslime haben den Eindruck, wir Christen beten zu drei Göttern, wären also eigentlich keine Monotheisten. Demgegenüber gilt es deutlich zu machen, dass für uns der eine Gott es ist, der sich in der

Welt auf menschliche Weise zu erfahren gibt. Gott rührt die Menschen von außen an – unübertrefflich in Jesus von Nazaret – und im Innersten – durch seinen heiligen-heilenden Geist. In der Begegnung mit jüdischen und muslimischen Schwestern und Brüdern disputieren wir nicht in schwierigen *Be-griffen* über den »einen Gott in drei Personen«. Vielmehr bezeugen wir die christliche Erfahrung, dass Gottes Gottsein nicht geschmälert wird, wenn Gott in die Welt eingeht, sich zu den Menschen herablässt, sich an-fassen lässt, ohne dass Menschen ihn er-fassen können, weil er auch in menschlicher Begegnung Gott bleibt. Eine kaum zu übertreffende Illustration dieser göttlichen Nähe und Distanz stellt Michelangelos Fresko »Erschaffung Adams durch Gott« in der Sixtinischen Kapelle dar. In den meisten Bildbeschreibungen ist von der Berührung Adams durch Gott, konkret von der Berührung der Zeigefinger die Rede. Beim genauen Hinsehen entdecken wir, was Michael Broch (Anstöße SWR 1 BW v. 22.5.2009) den »Millimeter zwischen Gott und Mensch« genannt hat.

Dass der Millimeter Abstand die Souveränität Gottes symbolisiert, aber seine Nähe nicht aufhebt, das haben Christenmenschen nicht erfunden, das ist nicht Opium des Volkes und darf nicht als Opium für das Volk, als Droge, die den Alltag angeblich erträglicher macht, verabreicht werden. Das beste Gegenmittel ist es, wenn Christen die christliche Erfahrung von der (unverfügbaren, aber tatsächlichen) Nähe Gottes als ihre eigene Erfahrung bezeugen und weitergeben können. Dazu hilft eine Erinnerung an biblische Zeugnisse – und vor allem der Blick auf Jesus von Nazaret, der so von Gott berührt war, dass Menschen, denen er begegnete, auf unterschiedliche Weise bezeugten: Gott ist in Jesus! Michael Broch: »Es gibt einen, bei dem dieser unheimlich-kleine Abstand zu Gott hin weg ist: Es ist Jesus von Nazaret. Wenn ich mir vorstelle, die beiden wären abgebildet, dann glaube ich, würden sich ihre Hände und Finger berühren. Wahrscheinlich ist in dieser Gottes-Berührung Jesu Ausstrahlung und die Faszination begründet, die bis heute von ihm ausgeht. Jesu Worte und Taten, sein Schicksal lassen erahnen, was es heißt, von Gottes Hand berührt zu werden.«

Gott wird in Jesus »handgreiflich«

Hintergrundinformation
Jesus – der vom Geist erfüllte Heiland

Von Gottes Hand berührt zu werden – ja, das haben Menschen in der Begegnung mit Jesus erfahren. Für sie war er der Heiland; für sie war er der Freudenbote, der Messias, der Gesandte, wie er im Buch des Propheten Jesaja angekündigt war: »Der Geist des Herrn ruht auf mir; denn der Herr hat mich gesalbt. Er hat mich gesandt, damit ich den Armen eine frohe Botschaft bringe; damit ich den Gefangenen die Entlassung verkünde und den Blinden das Augenlicht; damit ich die Zerschlagenen in Freiheit setze und ein Gnadenjahr des Herrn ausrufe« (so zitiert der Evangelist Lukas in 4,18–19 den Propheten Jesaja 61,1–2). Als Jesus seine »Antrittspredigt« in Nazaret hielt, war ihm dieser prophetische Text vorgegeben. Und er bezieht ihn auf seine Sendung: »Heute hat sich das Schriftwort, das ihr eben gehört habt, erfüllt« (Lk 4,21b). Wir können auch übersetzen »in euren Ohren erfüllt«. Jesu Wort erreicht, berührt die Zuhörenden. Freilich lassen sich nicht alle so berühren, dass sie ihm glauben und sich von ihm anstoßen lassen, so miteinander umzugehen. Auch nicht in seiner Heimatstadt (vgl. Lk 4,22–30)! Die aber, die sich in ihrem Herzen berühren lassen, sind sicher, dass Gott ihnen begegnen will und dass Jesus der Immanuel, der Gott mit uns, ist. Sie brauchen keine Luftschlösser zu bauen, denn sie erfahren handgreiflich die heilende Zuwendung Gottes.

Der Aussätzige: »Jesus hatte Mitleid mit ihm; er streckte die Hand aus, berührte ihn und sagte: Ich will – werde rein! Sogleich verschwand der Aussatz und der Mann war rein« (Mk 1,41–42).

Die Blinden: »Darauf berührte er ihre Augen und sagte: Wie ihr geglaubt habt, so soll euch geschehen. Da wurden ihre Augen geöffnet« (Mt 9,29–30). – »Da brachte man einen Blinden zu Jesus und bat ihn, er möge ihn berühren. Er nahm den Blinden bei der Hand, führte ihn vor das Dorf hinaus, bestrich seine

Augen mit Speichel, legte ihm die Hände auf und fragte ihn: Siehst du etwas? Er war wiederhergestellt und konnte alles genau sehen« (Mk 8,22–26).

An wem Jesus handgreiflich wirkt, der / die sieht nicht nur überhaupt, sondern sieht genau, kann also unterscheiden, was Heil und was Unheil ist.

Der Taubstumme: »Er nahm ihn beiseite, von der Menge weg, legte ihm die Finger in die Ohren und berührte dann die Zunge des Mannes mit Speichel; danach blickte er zum Himmel auf, seufzte und sagte zu ihm [dem Taubstummen]: Effata!, das heißt: Öffne dich! Sogleich öffneten sich seine Ohren, seine Zunge wurde von ihrer Fessel befreit, und er konnte richtig reden« (Mk 7,33–35).

Die Schwiegermutter des Petrus: »Da berührte er ihre Hand und das Fieber wich von ihr« (Mt 8,15).

Die Begegnung mit dem Heiland Gottes taugt nicht als Show für die Massen; abseits geschieht das Entscheidende.

Kranke verschiedener Art: »Denn er heilte viele, sodass alle, die ein Leiden hatten, sich an ihn herandrängten, um ihn zu berühren« (Mk 3,10).

Dabei wissen die Kranken, dass sie Heilung nicht erzwingen können, aber sie kommen voll Vertrauen, sie und die, die sie pflegen, setzen auf Jesus:

»Und immer, wenn er in ein Dorf oder eine Stadt oder zu einem Gehöft kam, trug man die Kranken auf die Straße hinaus und bat ihn, er möge sie wenigstens den Saum des Gewandes berühren lassen. Und alle, die ihn berührten, wurden geheilt« (Mk 6,56).

Sie wussten, dass sie ihn nicht anfassen, ergreifen können – Menschen handgreiflich begegnen, so dass sie geheilt werden, das kann nur er. Das ist die Asymmetrie der Gottesbeziehung des Menschen, deshalb wahren sie die Distanz – aber sie tun es gläubig: den Saum zu berühren genügt! Diesen Glauben verdeutlicht anschaulich

die blutflüssige Frau: »Sie hatte von Jesus gehört. Nun drängte sie sich in der Menge von hinten an ihn heran und berührte sein Gewand. Denn sie sagte sich: Wenn ich auch nur sein Gewand berühre, werde ich geheilt. Und sofort versiegte die Quelle des Blutes, und sie spürte in ihrem Leib, dass sie von ihrem Leiden geheilt war« (Mk 5,27–29). Der Evangelist dramatisiert die Szene: Jesus fragt: Wer hat mich berührt? Und die Frau fällt »zitternd vor Furcht« (Vers 33) vor ihm nieder. Jesus reagiert so: *»Meine Tochter, dein Glaube hat dich gerettet. Geh in Frieden!«* (Vers 34).

Weil Menschen in der Begegnung mit Jesus erfahren, dass Gott sie heilend berühren kann, nähern sie sich dem Heiland, dem Messias, mit ganz vorsichtigem Berühren! Das gilt auch für den Synagogenvorsteher (Mk 5,35–43), dessen Tochter Jesus aus dem Tod zurückholt – wieder typisch: *»Er aber warf alle hinaus und nahm den Vater des Kindes und die Mutter und die, die mit ihm waren in den Raum, in dem das Kind lag. Er fasste das Kind an der Hand und sagte zu ihm: Talita kum!, das heißt übersetzt: Mädchen, ich sage dir, steh auf! Sofort stand das Mädchen auf und ging umher«* (Mk 5,40–42).

Typisch also: keine Show für die Massen (abweichend davon die Auferweckung des Jünglings von Naïn, dessen Bahre Jesus berührt, Lk 7,14) – und ein typisches – aramäisches – Jesuswort. Jesus berührt übrigens Menschen nicht nur, um Krankheiten zu heilen und zum Weiterleben aufzurichten. An seinem Verhalten zu Kindern zeigt er, was für alle gilt, die das Reich Gottes annehmen, sich von ihm und seiner Frohen Botschaft ohne »Erwachsenen«-Vorbehalte und Ausreden berühren lassen (vgl. Lk 14,15–24): *»Da brachte man Kinder zu ihm, damit er sie berühre* [so näher am Urtext in der neuen Einheitsübersetzung; in der bisherigen hieß es: ihnen die Hände auflegte] *... Und er nahm die Kinder in seine Arme; dann legte er ihnen die Hände auf und segnete sie«* (Mk 10,13 und 16). Bei den Erwachsenen, sogar bei den führenden Jüngern muss Jesus erst Vertrauen wecken und falsche Gottesfurcht abwehren. So heißt es in der Erzählung von der Verklärung »auf einem hohen Berg«: *»Da trat Jesus zu ihnen, fasste sie an und sagte: Steht auf und fürchtet euch nicht!«* (Mt 17,7).

Jesus berührt also Menschen, und dadurch lässt er sich selbst berühren, mit ihm kommt es zur Berührung von Gott und Mensch. Jesus weiß sich so sehr von Gott, dem Abba-Vater, angenommen, dass er darin auch erfährt, dass Gott alle Menschen so umarmen will. Ausdrücklich erzählt Lukas, dass sich Jesus auch durch eine »Sünderin« berühren ließ (Lk 7,39). Die Theo-logik ist wichtig: Er berührt, und er lässt sich berühren. Aber er ist darin nicht zu fassen, schon gar nicht für die, die ihn nicht leibhaftig sehen, sondern als den Auferstandenen erfahren. Was der Frau (Maria) gesagt wird, gilt auch für uns: *»Halte mich nicht fest!«* (Joh 20,17)

Gott berührt uns im Alltag der Welt

Die Überzeugung, dass Gott sich zu erfahren gibt, bewegt die Menschen, zum Glauben zu kommen oder dabei zu bleiben. In besonderer Weise bezeugen die Mystikerinnen und Mystiker, dass Gott sie im Innersten berührt hat. Das muss gar nicht immer »im stillen Kämmerlein« geschehen – die Erfahrungen mit Menschen, mit Kirche und Welt, können zur Gotteserfahrung werden, ja sich als Anrührung und Berufung Gottes erweisen. Ein bekanntes Beispiel ist Franziskus, der Gottes Ruf vernimmt: »Bau meine Kirche wieder auf!«

Dabei haben Christenmenschen darauf zu achten, dass die Bewegungsrichtung bzw. deren Abfolge stimmt. Ein gern gesungenes neues geistliches Lied behauptet: »Da berühren sich Himmel und Erde, dass Friede werde unter uns«. Es scheint so, als werde in den Strophen besungen, was Menschen von sich aus tun, damit Himmel und Erde sich berühren: »Wo Menschen sich vergessen / verschenken / verbünden – und neu beginnen ...« Doch was lässt Menschen »neu beginnen, ganz neu«? Was lässt uns Menschen »die Wege verlassen / die Liebe bedenken / den Hass überwinden«? Viele tun es, weil sie sich im Innern angestoßen fühlen. Der Anstoß kommt zumeist von außen, die Berührung geht »durch Mark und Bein«. Das klassische Beispiel ist der barmherzige Samariter: »*er sah ihn und hatte Mitleid*« (Lk 10,33). Das griechische Wort, das im Deutschen mit Mitleid, manches Mal auch mit »Liebe« übersetzt wird, meint wörtlich »in den Eingeweiden berührt«. Statt in unserem Menschenbild von Barm-herz-igkeit zu reden, entspricht dem hebräischen / semitischen Menschenbild die Rede von Barm-nier-igkeit. Das gleiche griechische Wort wird verwendet, um das Mit-leid des barmherzigen Vaters zu beschreiben (Lk 15,20), ebenso das Mitleid Jesu mit der Menge des Volkes (Mt 9,36; 14,14; 15,32), mit den beiden Blinden (Mt 20,34), mit dem jungen Mann aus Naïn (Lk 7,13). Die schönste Stelle findet sich im Lobgesang des Zacharias (dem »Benedictus«), die zugleich den theologischen Kern trifft: »*Durch die barmherzige Liebe unseres Gottes wird uns besuchen das aufstrahlende Licht aus der Höhe, um allen zu leuchten, die in Finsternis sitzen und im Schatten des Todes, und unsere Schritte zu lenken auf den Weg des Friedens*« (Lk 1,78–79).

Gott berührt uns in den Sakramenten

Gott berührt uns im Alltag. Diese Berührung spüren wir im Inneren, im Herzen, an den Nieren, in den »Eingeweiden«. Von dort drängt es uns nach außen. Wie der barmherzige Samariter wollen wir als Berührte nun andere berühren. Dass ich meine Gotteserfahrung nicht für mich behalten kann (das würde ihr widersprechen, Gott ist ja nicht »mein« Gott), ist für viele, die von Gott berührt wurden, selbstverständlich. Unser diakonisches Handeln ist für unser Christsein genauso wichtig wie das Feiern der Liturgie, wie Gebet und Meditation. Deswegen haben unsere sakramentalen Feiern auch Konsequenzen: »Geht im Frieden und bringt den Frieden!« Das ist der Auftrag Jesu: *»Dann geh und handle du genauso!«* (Lk 10,37)

Genügt also das tätige Christsein? Schließlich ist der Dienst am Nächsten (auch) Gottesdienst, Dienst an Jesus (vgl. Mt 25). Oder ist der liturgische und sakramentale Gottesdienst das Eigentliche, wie andere behaupten?

Hintergrundinformation
In Zeichen berührt uns Gottes Wort

Für uns Christen sind Verkündigung, Liturgie und Diakonie je auf ihre Weise das »Eigentliche«. Freilich: Der Gottesdienst im engeren Sinn ist etwas Eigenes der Religion, in jedem Fall für die auf den Namen Gottes und Christi Getauften: Vor allem in den Sakramenten feiern wir, aus welcher Quelle wir leben und aus welcher Berührung wir die Kraft bekommen, so zu handeln, wie Gott an uns handelt.

Gott berührt die zum Gottesdienst Versammelten durch Wort und Zeichen. Das Wort der Verkündigung ist ein heilsames Wort. Es ist keine Information über etwas, es will nicht nur unser Trommelfell berühren. Es ist vielmehr Gottes An-spruch an uns, seine Worte wollen uns berühren, vom Trommelfell zum Zwerchfell sozusagen: Es kann uns den Atem nehmen, und es kann uns neue Luft zum Leben geben. Die Sakramente verdeutlichen das: Sie sind nicht Hinweiszeichen auf etwas, was sich irgendwo befindet – sondern wirksame Zeichen. Sakramente bewirken, was sie bezeichnen – in der Eucharistie die innige Gemeinschaft mit Jesus Christus, in der Buße die wirkliche Vergebung von Schuld. Es entspricht uns Menschen als leibhaftigen Wesen, als »Geist in Welt«, dass Gott uns nicht nur durch sein Wort, sondern auch durch sein im Zeichen wirksames Wort, also in den Sakramenten, berührt.

———————————————

Die sieben Sakramente bedeuten, dass Gottes Berührung unser ganzes Leben, von der Geburt bis zur letzten Wegzehrung, umfängt. In diesem Sinn sind die sakramentalen Feiern Verdichtungen dessen, was Gott im Leben von uns Menschen tut: Er ist mit uns auf dem Weg, er ist in allen Situationen gegenwärtig. Nicht immer spüren wir freilich seine Berührung. Da können uns die Sakramente erinnern und, selbst in schwierigen Lebenslagen, unser Gottvertrauen stärken.

Das Wichtigste in der Sakramentenkatechese ist das Einführen in die Vielfältigkeit unserer Wirklichkeit. Wirklich ist nicht nur das, was gerne »wirklich wirklich« genannt wird, eben das selbst Gesehene oder Nachprüfbare. Also das für wahr und wichtig zu halten, was es »wirklich gibt«. Demgegenüber ist doch für unser Leben und Miteinanderleben weitaus wichtiger, was uns gegeben wird und was wir anderen geben. Ob das Geschenk ehrlich gemeint ist, ohne Hintergedanken, ob wir uns auf ein Versprechen verlassen können, ob der Treueschwur hält – das können wir nicht empirisch überprüfen, jedenfalls nicht in dem geläufigen Sinn von »empirisch«. Aber deshalb befinden sich Geschenke, Treueversprechen, Liebesschwüre nicht im luftleeren Raum oder im unfassbaren Dunkel. Es gibt (!) vielmehr Anzeichen dafür, die dem, worum es geht, viel angemessener sind: eine Gabe, ein Händedruck, eine Umarmung usw. Sicher: Da ist immer ein Risiko, die Frage, ob es ernst gemeint ist bzw. ob es hält. Aber genauso sind die Beziehungen, die für unser Leben wichtig sind, wichtiger als das, was wir »empirisch« überprüfen können. Ob ich von Gott berührt bin, kann ich nicht »empirisch« messen, aber ich kann es im Inneren ebenso wie in Begegnungen mit der Wirklichkeit, der Schöpfung und den Mitgeschöpfen, erfahren. Und diese berührenden Erfahrungen können mir eine Gewissheit verleihen, die stärker ist als empirisch überprüfte Realität. Und manche Seele »hinkt« ein Leben lang …

4. Gottesberührung wächst in der Familie – religionspädagogisches Wissen

Bedeutungen entstehen durch Kommunikation und Interaktion zwischen Eltern und Kind

In der Kommunikation zwischen Eltern und Kindern entstehen Bedeutungen, auch Glaubensbedeutungen und -deutungen.

Der vierjährige David fragt mich, warum ich dem toten Vogel, den er tagelang auf dem Weg zum Kindergarten am Straßenrand sieht, nicht helfen könne.

Auf die Antwort, dass dem toten Vogel kein Mensch mehr, sondern nur der liebe Gott helfen könne, fragt David, wie groß und stark der liebe Gott denn sei und warum ich nicht der liebe Gott sei. Ich versuche, ihm zu erklären, dass ich doch ein Mensch sei und selber auch einmal sterben müsse und deswegen nur der liebe Gott dem toten Vogel helfen könne. David darauf später: »Ist der liebe Gott so groß wie ein Hochhaus?«

Zusammen mit einem konkreten Interaktionspartner entstehen für das Kind neue, teilweise unerwartete Bedeutungen. Indem es das Zugeständnis des Vaters, nicht helfen zu können, und die Selbstdeutung des Vaters interpretiert, schafft es für sich eine neue Bedeutung: Der Vater kann einem Toten nicht helfen – wenn Gott helfen kann, muss er größer sein als der Vater.
Dies bestätigt sich einige Wochen später:

David hält seinen zweijährigen Bruder Manuel gerade noch vor einem fahrenden Auto zurück. Als er mir das abends erzählt, wendet er sich an Manuel: »Wenn ich dich nicht festgehalten hätte, wärst du nämlich jetzt tot. Dann kann dir der Papa gar nicht mehr helfen, nur noch der liebe Gott, weil der nämlich viel größer ist als der Papa.«

Kinder machen sich ihre eigenen Gedanken über Gott und die Welt. Sie sind ihre eigenen »Theologen und Theologinnen«. Oft sind Eltern überrascht, mit welchen Ideen und Vorstellungen sie unterwegs sind. So manche Väter und Mütter werden dadurch wieder selbst auf Gott aufmerksam. Kinder bringen ihre Eltern oft (wieder) in Berührung mit Gott. Die religiöse Neugier von Kindern nicht als lästig wahrzunehmen, sondern auf sie einzugehen, kann zu interessanten Situationen führen. Kinder brauchen Eltern oft als »Reibebaum«, an dem sie ihre eigenen Deutungen erproben können. Zudem können Eltern ihnen in solchen Gesprächen auch Ängste und Sorgen nehmen.[6]

Hintergrundinformation
Religiöse Erziehung in die Familiendynamik einbetten

Ob und wie in einer Familie religiös erzogen wird, hängt stark davon ab, wie in dieser Hinsicht das Umfeld beschaffen ist, in dem sie lebt, ob sie also »von außen her« Unterstützung findet oder allein gelassen wird. Bedeutsam ist, ob im engeren Bezugskreis der Familie (Verwandtschaft, Freundeskreis u. Ä.) Religion und Glaube eine Rolle spielen und ob zu einer eigenen religiösen Praxis angeregt wird. Großeltern nehmen häufig bei der religiösen Erziehung ihrer Enkelkinder eine wichtige Rolle ein.[7] Weiterhin ist entscheidend, wie sich der Kontakt der Familie zur Kirchengemeinde gestaltet und ob sie dort eine Heimat zu finden vermag. Wenn Jugendliche rückblickend erklären, sie hätten kaum eine für sie einladende Kirche erlebt, ist es nicht verwunderlich, wenn in ihrem Leben die Kirche nur einen geringen Stellenwert – wenn überhaupt – einnimmt.

Tatsache ist, dass bis heute – wenn sie erfolgt – religiöse Erziehung in der Familie überwiegend »Frauensache« ist, was zur Folge hat, dass männliche Vorbilder im religiösen Bereich fehlen.

Die Wirkung von religiöser Erziehung ist, wie die von Religion überhaupt, ambivalent. Sie kann zur Förderung der Persönlichkeitsentwicklung beitragen; sie kann ihr aber auch im Wege stehen. Es kommt sehr darauf an, wie sie in die allgemeine Familiendynamik eingebettet ist. Friedrich Schweitzer führt dazu aus: »Eine grundlegende Erkenntnis liegt dabei darin, dass religiöse Familienerziehung stets sowohl von ihrer Inhaltsdimension als auch von ihrer Beziehungsdimension her gesehen werden muss. Religiöse Erziehung ist in die weiteren Zusammenhänge sowohl der Familienerziehung überhaupt als auch der Familienkonstellation (Stellung eines Kindes in der Familie, Verhältnis zum jeweiligen Elternteil, Übertragungs- und Gegenübertragungseffekte, Projektionen und Identifikationen, systemische Effekte usw.) eingebunden und wird, wiederum positiv oder negativ, davon mitbestimmt. Dies gilt auch für die in unseren Untersuchungsergebnissen immer wieder aufscheinenden Mehr-Generationen-Zusammenhänge zwischen Großeltern-, Eltern- und Kindergeneration. Auch hier gehen von der Familienkonstellation komplexe und manchmal ambivalente Wirkungen aus. Weitere Aspekte betreffen insbesondere konfessionsverschiedene bzw. -verbindende Elternhäuser oder andere konfessionelle und (nicht-)religiöse Konstellationen. Unterschiede gibt es dabei ebenso zwischen den (Ehe-)Partnern wie zwischen den Generationen (Eltern, Schwiegereltern / Großeltern). Familien sind hinsichtlich ihrer religiösen Orientierung nur noch selten homogen. Dabei scheint religiöse Pluralität in der Familie häufig zu Unsicherheiten bei der religiösen Erziehung zu führen, da es den Beteiligten an angemessenen Bearbeitungsstrategien fehlt oder über strittige oder Streit auslösende religiöse Fragen in der Familie lieber geschwiegen wird.«[8]

Religiöse Erziehung in der Familie geht eng mit einer ausgeprägten, religiös begründeten und nachhaltig prägenden Werteerziehung einher. Selbst wenn die religiöse Begründung dafür später nicht mehr nachvollzogen wird, wird häufig eine Orientierung an den durch die Eltern vermittelten Werten beibehalten. Umgekehrt hat eine Untersuchung unter straffällig gewordenen Jugendlichen ergeben, dass sie in ihrer Kindheit kaum eine religiöse Erziehung erfahren haben.[9]

Hintergrundinformation
Gestaltung von Religion im familiären Zusammenleben – worauf ist zu achten?

Wichtig ist, dass die religiöse Erziehung von den Betroffenen nicht als zusätzliches Element empfunden wird, das mehr oder weniger beziehungslos neben dem abläuft, was sonst im familiären Alltag geschieht, sondern dass sie darin integriert ist. Für den christlichen Glauben grundlegend ist die Erfahrung, dass Gott die Menschen, und zwar jeden Menschen, bedingungslos annimmt und liebt. Je stärker in der Familie die religiöse Erziehung in die Gesamterziehung eingebettet ist, desto mehr können von ihr auch Impulse für die Gestaltung des familiären Zusammenlebens ausgehen.[10]

Die Kombination von entschiedener Zugewandtheit der Eltern zu ihrem Kind im Auf und Ab des Alltags mit der Erfahrung von religiösen Ritualen in der Familie ist eines der Erfolgskriterien für nachhaltiges Gelingen religiöser Erziehung. Wichtige Argumente und Belege dafür bietet Bernhard Groms »Religionspsychologie«[11].

Rituale – Gottesberührung alltagstauglich

Fulbert Steffensky betont die Bedeutung, die besonderen Orten und Zeiten sowie besonderen Personen im Rahmen der religiösen Erziehung zukommt: »Kinder lernen Religion zunächst nicht als Lehre, sie lernen sie von außen nach innen. Sie lernen sie von den Außenwelten, die sie erleben, von den Ritualen, Rhythmen und erfahrenen Orten.«[12]

Dazu ist es notwendig, den familiären Alltag bewusst zu unterbrechen und Orte und Zeiten vorzusehen, an denen ausdrücklich etwas Religiöses praktiziert wird. Im Verlauf des Tages kann es das Tischgebet sein oder die gegenseitige morgendliche Segnung. Kinder lassen sich bekanntlich ausgesprochen gern Geschichten erzählen, auch religiöse Geschichten, und rahmen diese Momente nicht selten mit eigenen Ritualen ein, zum Beispiel dass eine Kerze angezündet wird. Weitere wichtige Gelegenheiten sind der Sonntag und die Feiertage. Es macht einen Unterschied, ob das Leben an diesen Tagen anders als an normalen Werktagen abläuft oder nicht. Nach Steffensky kommt es nicht darauf an, »dass ein Kind versteht, was der Sonntag ist, sondern dass es ihn erfährt im anderen Geruch, im anderen Geschmack, im anderen Verhalten und am anderen Ort. Bewusstheit und Verstehen folgen später, und sie bleiben schwach, wenn sie nicht vorbereitet sind durch sinnliche Erfahrungen. Es gibt ein tiefes Verstehen, das sich nicht über den Weg des Nachdenkens, der Sprache und der Argumente ereignet«[13]. Sowohl im Lebens- als auch im Jahreszyklus gibt es immer wieder hervorgehobene Tage und Zeiten, die Anlass geben, die alltägliche Routine zu unterbrechen und in besonderer Weise über das eigene und gemeinsame Leben nachzudenken.[14]

Stabile wissenschaftliche Ergebnisse beschreiben die hohe Bedeutung von Ritualen:

Hintergrundinformation
Rituale stärken Familien

Nicht zu unterschätzen sind hierbei in der Familie ausgeprägte Rituale, die Familien bei der Bewältigung ihres Alltags helfen und die außerdem die Weitergabe religiöser Vorstellungen und Werte innerhalb der Familie unterstützen, wie empirische Forschungsprojekte gezeigt haben.[15] So ist erwiesen, »dass der familiäre Angstpegel sinkt und Konflikte in Familien abnehmen, wenn ein Gute-Nacht-Ritual eingeführt wird, das von beiden Eltern getragen wird und Musik oder Geschichten als Elemente enthält«.[16] Christoph Morgenthaler bilanziert: »Rituale stärken Familien.«[17]
Neben einer solchen, durch Rituale verstärkten Familienreligiosität und sicherlich häufig von ihr angeregt, kommt es in Familien – meist durch Kinderfragen – nicht nur zu religiösem Denken und Handeln, sondern darüber hinaus zu einem »Denken über religiöses Denken«[18], was man als »Familientheologie« bezeichnen kann.

Für Eltern mit Kindern bis 12 Jahren sind folgende Rituale zu empfehlen:[19]
Segnen Sie Ihr Kind oder Enkelkind, wenn es morgens aus dem Haus geht. Legen Sie ihm die segnende Hand auf den Kopf oder machen Sie ihm ein Kreuzzeichen auf die Stirn. Kinder gehen spirituell von Gottes Segen umhüllt anders in den Tag, als wenn man ihnen lediglich zuruft: »Mach's gut!«
Vor dem Essen reichen sich Eltern und Kinder die Hände – dies ist schon in sehr frühem Alter möglich, wenn sie mit am Tisch sitzen können – und sprechen ein kindgemäßes Gebet: »Jedes Tierlein hat sein Essen, jede Pflanze trinkt von dir, hast auch unser nicht vergessen, lieber Gott, wir danken dir!«
Sie können auch frei ein kindgemäßes Gebet formulieren oder mit den Kindern ein Gebet Ihrer eigenen Kindheit beten, das Sie in guter Erinnerung haben. Überhaupt ist zu fragen, warum wir nicht unsere eigene Kindheits-

religiosität – natürlich reflektiert und von Angst machenden Gottesbildern gereinigt – mit unseren eigenen Kindern und Enkelkindern teilen. Wir teilen ja ansonsten auch mit ihnen unsere Sprache, das, was uns viel bedeutet, unseren Zugang zur Natur, unsere Hobbys und unsere Freizeit. Warum teilen wir nicht unsere eigenen religiösen Erfahrungen mit ihnen?

Ein ganz wichtiges Ritual ist das »Abend-Ritual«: Kindern eine biblische Geschichte aus der Kinderbibel vorlesen und über die Bilder gemeinsam sprechen. Ihnen ein religiöses Lied vorsingen: »Weißt du, wie viel Sternlein stehen an dem blauen Himmelszelt? Gott der Herr hat sie gezählet …«. Anschließend mit Kindern gemeinsam den Tag durchgehen: »Was war heute schön, was war nicht so schön?« Unsere damals fünfjährige Tochter Ingrid hat mir auf diese meine Frage kurz vor dem Einschlafen in ihrem Zimmer gesagt: »Lieber Gott, heute war es gar nicht schön. Der Moritz hat mich gehaut, dann habe ich ihn auch gehaut. Schlaf gut, lieber Gott.« Ein Klagegebet des kleinen Mädchens, das zum ersten Mal in ihrem Leben geschlagen wurde. Hätte ich sie mit meiner Frage nicht angeleitet, über ihren Tag nachzudenken, dann wäre diese Klage eben nicht ins Wort gekommen. So einfach ist das. Solche Abendrituale sind für Kinder psychohygienisch ebenso wichtig wie religiös. Denn solche Rituale wirken sinnstiftend und konfliktklärend. Sie ermöglichen Kindern, selbstständig Beziehung zu Gott aufzunehmen und mit ihm zu sprechen. Wir tun also gut daran, tiefer zu bohren, wenn es um den eigentlichen Sinn und die tiefste Würde unseres Lebens geht.

Im Leben geht es um mehr als Lesen, Schreiben, Rechnen; dies ist ohnehin wichtig. Im Leben geht es aber »um mehr als alles«; es geht um die großen Visionen unseres Lebens:

Du bist deswegen in diese Welt gekommen, weil du ein Lieblingsgedanke Gottes bist. Gott, der Schöpfer der Welt, hat dir als seinem Geschöpf Licht von seinem Licht mitgegeben. Wenn du nicht etwas von deinem Schöpfer in dir tragen würdest, wärst du ja nicht sein Geschöpf.

Du bist deswegen in diese Welt gekommen, weil du eine Botschaft Gottes bist für diese Welt, genau in unserer Zeitschiene und in dieser Weltregion. Du bist nicht im 12. Jahrhundert in Asien geboren, sondern im Hier und Jetzt deiner Existenz.

Du bist deswegen in diese Welt gekommen, weil du eine Gabe Gottes an diese Welt, an die Menschheit, an die Zukunft des Reiches Gottes bist.

Du bist deswegen in diese Welt gekommen, weil du eine Aufgabe hast für die Menschen, mit denen du in Raum und Zeit lebst – im Nahbereich und im Fernbereich.

Aus der Praxis

Ich habe keine Zeit – ich habe für dich keine Zeit, oder: Machen Sie aus der »eiligen Zeit« eine »heilige Zeit«

Das Argument, »die Leute haben doch dafür keine Zeit«, höre ich oft. Ich halte dagegen: Menschen haben für das, was ihnen wichtig ist, sehr wohl Zeit oder nehmen sich Zeit. Dies bei den Eltern direkt anzusprechen, ist wichtig.

Für ein kurzes Abendritual am Bett des Kindes ist – je nach (Schicht-)Arbeitszeit – fast immer Zeit. Unser Kind ist uns von Gott anvertraut. Es ist Gabe Gottes und es ist Aufgabe. Wenn ich meinem Kind sage: »Ich habe keine Zeit!«, versteht das Kind dies immer auch als: »Ich habe für dich keine Zeit!«

Es kann auch alternativ gehen: Machen Sie aus der »eiligen Zeit« eine »heilige Zeit«. Diese spirituelle, tiefsinnige Idee verdanke ich der Salzburger Religionspädagogin Claudia Frauenlob. In der Begleitung von Eltern auf dem Weg zur Erstkommunion kommt dieser Vorbehalt häufig: »Wir haben doch keine Zeit, mit unserem Kind im Familienbuch zu lesen.« Ich frage zurück: »Sie können sich ja selbst still die Antwort geben: Wie viele Stunden in der Woche verbringen Sie vor dem Fernseher, vor dem Computer oder am Handy?«

---

5. Gottesberührung in der Taufe
Bernd Jochen Hilberath

Ausgerenkt

»Lass mich los!« (Gen 32,27) – das hörte Jakob, als er in der Nacht mit einem »Mann« rang. Nach israelitischer Tradition war es Gott selbst oder zumindest ein Bote Gottes, ein Engel: »Als er allein zurückgeblieben war, rang mit ihm ein Mann, bis die Morgenröte aufstieg. Als der Mann sah, dass er ihn nicht besiegen konnte, berührte er sein Hüftgelenk. Jakobs Hüftgelenk renkte sich aus, als er mit ihm rang. Er sagte: Lass mich los, denn die Morgenröte ist aufgestiegen. Er entgegnete: Ich lasse dich nicht los, wenn du mich nicht segnest. Er fragte ihn: Wie ist dein Name? Jakob, antwortete er. Er sagte: Nicht mehr Jakob wird man dich nennen, sondern Israel – Gottesstreiter –; denn mit Gott und Menschen hast du gestritten und gesiegt. Nun fragte Jakob: Nenne mir doch deinen Namen! Er entgegnete: Was fragst du mich nach meinem Namen? Dann segnete er ihn dort. Jakob gab dem Ort den Namen Peniël – Gottes Angesicht – und sagte: Ich habe Gott von Angesicht zu Angesicht gesehen und bin doch mit dem Leben davongekommen.« (Gen 32,25–31)

Diese Erzählung kann uns auf Charakteristisches in der Begegnung zwischen Gott und den Menschen aufmerksam machen:

– In der Nacht, abseits vom gleißenden Licht und dem tosenden Lärm des Alltags, da, wo wir uns auf das Wesentliche konzentrieren können, da kann auch Gott erfahren werden.
– Wir dürfen darum ringen, dürfen uns erlauben, ihn nicht loszulassen.
– Wir können seinen Namen, sein Wesen (im Hebräischen ist das dasselbe) nicht erfassen, aber dürfen uns von ihm benennen lassen als Gottes Kind, Gottes »Kämpfer«, als engagierter gläubiger Mensch.
– Gott berührt uns so, dass wir ein Leben lang gezeichnet sind.
– Diese Glaubenserfahrung kann wie ein Sehen Gottes von Angesicht zu Angesicht sein.

Von Gott angesehen und mit Geist beschenkt

Dass Gott sich dem Menschen offenbart, also zeigt, ihn anspricht, wird in der Bibel an wichtigen Stellen mit der Rede von Gottes Angesicht verbunden.

Gottes Berührung und Gottes Angesicht sind Ausdruck dafür, dass Gott auf den Menschen zugeht, bei ihm ankommt – und doch unverfügbar bleibt. Dass Gott uns sein Angesicht zuwendet, erweckt uns zum Leben – oder, wenn wir uns in ihm verloren haben, schenkt es uns neues Leben. Im Psalm 104, dem Loblied auf den Schöpfer, wird dies ausgesagt – und durch eine zweite theo-logische Redeweise verstärkt: »Verbirgst du dein *Angesicht,* sind sie verstört, nimmst du ihnen den *Atem-Geist,* so schwinden sie hin und kehren zurück zum Staub. Sendest du deinen *Geist-Atem* aus, werden sie erschaffen und du erneuerst das *Angesicht* der Erde.« Sein Angesicht zuzuwenden ist für Gott dasselbe, wie seinen Geist zu geben. Beide Schöpfergaben bringen uns zum Leben. (Das wird noch deutlicher, wenn wir beachten, dass im Hebräischen das gleiche Wort »ruach« steht, wo im Deutschen mit Atem und Geist übersetzt wird.)

Dieses Loblied auf den Schöpfer des Lebens hat Israel in einer Glaubensgeschichte zu einer Zeit formuliert, wo es für das Volk wie für die Einzelnen nicht mehr um ihre Erschaffung ging – sie waren ja geboren und erwachsen –, sondern um ihre Wiedergeburt, ihre Neu-schöpfung. Und genau dies feiern Christenmenschen in der Taufe.

Geburt und Neugeburt – das österliche Sakrament

Die Taufe ist nämlich nicht das Sakrament der Geburt. Dass wir Kinder in unserer Welt willkommen heißen, ist gut, ja notwendig. Und es wird in unserer Gesellschaft immer deutlicher, dass es dazu eine (letztlich religiös begründete) Zukunftshoffnung braucht. Von Anfang an sind Kinder Gottes Kinder. Aber mit der Taufe, dem »Bad der *Wieder*geburt«, feiern wir nicht allein Gottes gute Schöpfung, sondern darüber hinaus, dass er die Welt und die Menschen neu geschaffen hat – sozusagen in einem zweiten Anlauf seiner wohlwollenden Geschichte mit der Menschheit. Gottes Heilswille gilt allen Menschen; man muss nicht in einer bestimmten Weise an Gott glauben, um selig zu werden und in den Himmel zu kommen. Die Feier der neuen Schöpfung bringt jedoch die zuverlässige, auf Gott gegründete Hoffnung zum Ausdruck und stellt vor aller Augen, dass Gott Zukunft ermöglicht, weil er auch im Scheitern zum Menschen steht und Neubeginn ermöglicht.

Dies wird deutlich und ist einsichtig, wenn es um die Taufe von Erwachsenen geht. Die Erwachsenentaufe ist ja theologisch gesehen der »Normalfall«. Aber nicht deshalb, weil der Mensch zuerst etwas tun müsste, damit Gott ihn berührt. Das haben wir ja schon definitiv ausgeschlossen. Vielmehr wird deutlich, dass auch ein Mensch, der persönlich Schuld auf sich geladen hat und in gesellschaftliche Schuldstrukturen verwickelt ist, vor dem Angesicht Gottes steht und mit der Hilfe seines Geist-Atems das Leben neu angehen kann. Die kleinen Kinder, die wir taufen, haben normalerweise noch keine persönliche Schuld, aber zu allen Zeiten und gewiss auch in unseren Tagen ist es unübersehbar, dass Menschenkinder in eine unheile Welt hineingeboren werden; dass sie nicht wie Adam und Eva unschuldig beim Nullpunkt der Welt anfangen können; dass sie sich im Laufe des Lebens gar nicht immer den unguten, ja sündigen Strukturen und Versuchungen entziehen können. So ist auch schon die Kindertaufe eine Feier der Wiedergeburt. Wir feiern, dass ein Menschenkind aus der Situation der Erbsünde, der von den Vorfahren ererbten falschen Lebensweise, herausgerissen werden kann, wenn es in eine Situation des Erb-heils hineinversetzt wird: in der Familie, der Gemeinde, der Kirche. So lesen wir im 1. Petrusbrief (1,18–19): »Ihr wisst, dass ihr aus eurer nichtigen, von den Vätern ererbten Lebensweise nicht um einen vergänglichen Preis losgekauft wurdet, nicht um Silber oder Gold, sondern mit dem kostbaren Blut Christi, des Lammes ohne Fehl und Makel.«

Die Taufe ist das österliche Sakrament, ihr ursprünglicher Ort ist die Osternacht, wie dies ja auch heute mancherorts gefeiert wird. So fährt nämlich der 1. Petrusbrief im übernächsten Vers (20) fort: »Durch ihn [Christus] seid ihr zum Glauben an Gott gekommen, der ihn von den Toten auferweckt und ihm die Herrlichkeit gegeben hat, so dass ihr an Gott glauben und auf ihn hoffen könnt.« Durch Christus kommen wir zum Glauben. Glauben beginnt mit Gottes Berührung in unserem Leben – sei es, dass Menschen sich als Erwachsene zum Glauben bekennen, sei es, dass von Gott berührte Eltern ihr Kind zur Taufe bringen und in die Gottesbeziehung hineinführen. In jedem Fall ist Gott es, durch dessen Berührung der Glaube beginnt, und nicht unsere Anstrengung – dies muss sich wie ein roter Faden durch jede Sakramentenkatechese ziehen.

Gebrandmarkt und besiegelt

In seinem Apostolischen Schreiben über die Freude des Evangeliums spricht Papst Franziskus über die Berufung und Sendung eines jeden Christen: Die Mission *hat* der Christ nicht so, wie er / sie auch anderes hat. Vielmehr gilt für die Getauften: »Ich *bin* eine Mission auf dieser Erde, und ihretwegen bin ich auf dieser Welt. Man muss erkennen, dass man selber ›gebrandmarkt‹ ist für diese Mission, Licht zu bringen, zu segnen, zu beleben, aufzurichten, zu heilen, zu befreien.« (Nr. 273)

Das Christsein hat man nicht für sich. Zum Glauben zu kommen durch die Berührung Gottes verbindet sich mit der selbstverständlichen Aufgabe, diese Gotteserfahrung weiterzugeben, Menschen so zu berühren (zu segnen, zu beleben …), wie ich selbst von Gott berührt bin. Das Zeichen dieser Berührung, die durch die Taufe besiegelt wird, ist wie ein Brandzeichen, eine Marke, die mir eingebrannt wird. Dieses Brandzeichen sagt: Ich gehöre zu Jesus Christus – zu seinem »Schafstall«, zu den Weidegebieten seiner »Ranch«. Dieses Zeichen wird niemals ausgelöscht. Selbst wenn ich mich vom Glauben lossage und später wieder in ihn zurückkomme, werde ich nicht noch einmal getauft: Ich bleibe besiegelt. Das ist der »unzerstörbare Charakter«, was nicht meinen psychischen Charakter meint, sondern das Siegel durch die Berührung Gottes (das griechische Wort »charakter« heißt: Stempel). Allerdings soll dieser »charakter« durchaus zum Charakteristischen des Christseins werden! So heißt es im Epheserbrief (1,13; nach der Übersetzung im Taufteil des Gotteslobs Nr. 570): »Durch Jesus Christus habt auch ihr das Wort der Wahrheit gehört, das Evangelium von eurer Rettung; durch ihn habt ihr das Siegel des verheißenen Heiligen *Geistes* empfangen, als ihr den Glauben annahmt.« So lautet dann folgerichtig die »Spendeformel« der Firmung, mit der das im Sakrament der Taufe Begonnene abgeschlossen wird: »Sei *besiegelt* durch die Gabe Gottes, den Heiligen *Geist*.«

Berührung der Sinne

Diese Besiegelung, dieses Einbrennen des unauslöschlichen Merkmals, ist kein bloßes Als-ob. Im Ritus der Tauffeier verdeutlichen gleich mehrere Berührungen, dass mit der Berührung durch Gott eine Wirklichkeit gemeint ist, ein Wirken Gottes am und im Menschen.

Das trifft als Erstes und vor allem anderen für das Wasser zu, das mit der »Taufformel« (»Ich taufe dich im Namen des Vaters und des Sohnes und des Heiligen Geistes«) den zentralen Teil der Tauffeier darstellt. Welche Bedeutungen sich mit dem Taufwasser verbinden, verdeutlicht das Gebet über die Taufwasserweihe, das in der Osternacht gesprochen wird – und überall da, wo vor der Taufe frisches Wasser gesegnet wird: »Allmächtiger Gott, deine unsichtbare Macht bewirkt das Heil der Menschen durch sichtbare [nämlich die Menschen berührende] Zeichen. Auf vielfältige Weise hast du das Wasser dazu erwählt, dass es hinweise auf das Geheimnis der Taufe: Schon im Anfang der Schöpfung schwebte dein Geist über dem Wasser und schenkte ihm die Kraft, zu retten und zu heiligen. Selbst die Sintflut war ein Zeichen der Taufe [vgl. die von den Vorfahren ererbte Lebensweise] … Als die Kinder Abrahams, aus Pharaos Knechtschaft befreit, trockenen Fußes das Rote Meer durchschritten, da waren sie ein Bild deiner Gläubigen, die durch das Wasser der Taufe aus der Knechtschaft des Bösen befreit sind. – Allmächtiger, ewiger Gott, dein geliebter Sohn wurde von Johannes im Jordan getauft und von dir *gesalbt mit Heiligem Geiste* …« Und beim Eintauchen der Osterkerze in das Wasser betet der Priester: »Durch deinen geliebten Sohn steige herab in dieses Wasser die *Kraft des Heiligen Geistes,* damit alle, die …« Im folgenden Gebet wird an die verschiedenen Stationen der Heilsgeschichte erinnert, an denen Gott durch Wasser an seinem Volk heilend gewirkt hat.

Auch bei den sogenannten ausdeutenden Riten geht es um die Berührung unserer Sinne als wirksames Zeichen, dass der dreieinige Gott an uns handelt. Dazu gehört die Berührung der Stirn durch die Bezeichnung mit dem Kreuzzeichen, die Salbung mit Katechumenenöl und mit Chrisam, die Bekleidung mit dem weißen Taufgewand und die Übergabe der brennenden Kerze, des Osterlichtes. Als zusätzlicher Ritus gilt der Effata-Ritus, der freilich auf seine Weise zur Anschauung bringt, was mit der Gottesberührung in der Taufe gemeint ist: Der Taufende berührt Ohren und Mund des Täuflings und betet dabei: »Der Herr lasse dich heranwachsen, wie er mit dem Ruf ›Effata‹ dem Taubstummen die Ohren und den Mund geöffnet hat …«

Berufen, um andere zu berühren

Gottes Berührung ist der Anfang des Glaubens. Dass Gott selbst den Beginn des Glaubens markiert, das war letztlich zwischen evangelischen und katholischen Christen nie umstritten, auch wenn es so aussah, als würden die Protestanten allein das Handeln Gottes, die Katholiken zu sehr das Handeln des Menschen betonen. Beide wollten den Kirchenvater Augustinus interpretieren, der das »initium fidei« (den Beginn des Glaubens) auf Gott zurückführte. *Das ist also bei den Feiern und der begleitenden Katechese der christlichen Initiation nicht aus dem Auge zu verlieren.* Beiden Konfessionen war es zugleich wichtig (auch wenn das nicht immer deutlich wurde), dass aus dem Handeln Gottes am Menschen, dass aus Gottes Berührung eine Verpflichtung für den Menschen folgt. Auch das »allein der Glaube«, das Martin Luther wichtig war, betonte die allem vorausgehende Berührung durch Gott und mahnte zugleich das Handeln aus Glauben an. Mit dem Stichwort »Berührung« formuliert dies Papst Franziskus in Evangelii Gaudium (Nr. 270) so: »Zuweilen verspüren wir die Versuchung, Christen zu sein, die einen sicheren Abstand zu den Wundmalen des Herrn halten. Jesus aber will, dass wir mit dem menschlichen Elend in *Berührung* kommen, dass wir mit dem leidenden Leib der anderen in *Berührung* kommen. Er hofft, dass wir … dann akzeptieren, mit dem konkreten Leben der anderen ernsthaft in *Berührung* zu kommen und die Kraft der Zartheit kennenlernen.«

Den Bedeutungsreichtum der Taufe feiern

Den Kern der Tauffeier bildet das Übergießen mit bzw. das Untertauchen ins Wasser und die Herabrufung des dreieinen Gottes, der als Vater, Sohn, Heiliger Geist rettend, befreiend, heilend an uns handelt. Damit verbinden sich drei theologische Bedeutungen, die in der Feier zum Ausdruck kommen: (1) das Abwaschen der eigenen Schuld und das Heraufsteigen aus der Schuldgeschichte, in die jede und jeder hineingeboren wird – (2) durch das Eintreten in die Nachfolge Jesu und die Übernahme der Berufung »Ich bin eine Mission« – (3) durch und in den Glauben der Kirche, denn niemand kommt ohne die anderen zum Glauben, und keiner kann den Glauben ohne die anderen leben.

Erwachsenentaufe – Kindertaufe

In der Erwachsenentaufe wird die Antwort des Menschen auf Gottes Berührung, werden sein / ihr Bekenntnis und seine / ihre Selbstverpflichtung
charakteristisch sein. Bei der Taufe un-mündiger Gottes-Menschenkinder
sollte der Akzent nicht ausschließlich auf die Aufnahme in die Gemeinde
(Kirche) gelegt werden. Gott schenkt sein Heil in eine unheile Welt hinein.
Das muss angesichts eines unschuldigen Kindes nicht ausgeblendet werden, denn noch leben wir nicht in einer »heilen Welt«. Im eigenen Leben
wie im Miteinanderleben geht es darum, »Licht zu bringen, zu segnen, zu
beleben, aufzurichten, zu heilen, zu befreien.«

Menschen kommen zum Glauben, sie bekräftigen ihn durch die Tauferneue-
rung in der Osternacht und bei jeder Taufe, weil sie von Gott berührt wurden. Was sie im Herzen, in den Nieren / den Eingeweiden anrührt, kommt
durch die Sinne nach innen. Oft wird es uns erst im Rückblick klar, was uns
da angerührt hat. In einem Lied aus den 1970er Jahren wird dies durch die
Verbindung mit biblischen Bildern, die auch in der Osternacht in Erinnerung
gerufen werden, zum Ausdruck gebracht. Dieses Lied (Text: M. Scouarnec,
übers. von D. Zils, Melodie: J. Akepsimas), leider nur in Anhängen des Gotteslobs (z. B. Bistum Mainz Nr. 859) und im Regionalteil des Evangelischen
Gesangbuchs für die Württembergische Landeskirche (Nr. 656), eignet sich
gut für eine Tauffeier, denn es bezeugt: »Wir haben Gottes Spuren festgestellt auf unsern Menschenstraßen, Liebe und Wärme in der kalten Welt,
Hoffnung, die wir fast vergaßen. – Zeichen und Wunder sahen wir geschehn
in längst vergangnen Tagen. Gott wird auch unsre Wege gehn, uns durch das
Leben tragen.«

6. Taufkatechese als Gottesberührung

Gottesberührung beginnt nicht erst bei der Taufe. Schon vor der Taufe ist eine Begleitung der Familie durch die Gemeinde förderlich.

Bereits Schwangerschaft und Geburt sind Gottesberührung
Gott, der Schöpfer der Welt und jedes Menschen, berührt Mann und Frau schon bei der Zeugung und während der Schwangerschaft, wenn er ihnen ein Kind als Gabe und Aufgabe anvertraut. Wie aber lässt sich dies konkret kommunizieren? Hierfür bieten sich Segensfeiern an, die bereits in der Praxis erprobt sind und weiterführende Erfahrungen ermöglichen. Segensfeiern für (werdende) Eltern und ihre Familien (Einladung über Hebammen und Frauenarztpraxen) erschließen diese Gottesberührung schon vor der Geburt des Kindes. Viele Eltern sind dafür ansprechbar: »Segen für mein Kind kann ich nie genug haben.«

Mit der Segensfeier aus der Diözese Feldkirch / Österreich bekommt diese Erfahrung auch liturgisch ein besonderes Profil:

Aus der Praxis
Behüte dieses Leben in mir

Segensfeier für schwangere Frauen und (Ehe-)Paare, die ein Kind erwarten

Eröffnungslied
Meine Hoffnung und meine Freude (aus Taizé, GL 365)

Begrüßung
- persönliches Bedürfnis
- Freude, dass es gelungen ist
- Freude, dass gemeinsam gebetet wird in dieser Zeit

Ich begrüße Sie alle an diesem Abend hier in unserer Kirche / Taufkapelle. Ich grüße vor allem Sie, die Sie »guter Hoffnung« sind, weil Sie ein Kind erwarten dürfen oder weil Sie für diese Menschen und ihre Kinder beten wollen. Wir Christen sind eine Hoffnungsgemeinschaft. In dieser Stunde wollen wir uns rückbinden an den, der Grund unserer Hoffnung ist, an Gott. So wollen wir in seinem Namen diese Segensfeier beginnen.

Begrüßung und liturgische Eröffnung

Besinnung mit Bildern
Zu Beginn des Gottesdienstes wollen wir innehalten und uns mithilfe eines Bildes besinnen:
(entsprechendes Bild zeigen)
Die Zeit der Schwangerschaft ist eine Zeit des Staunens, Hoffens und Bangens.
Der Mensch ist ein Wunder. Wir können es nicht ganz begreifen. Im Körper der schwangeren Frau wächst neues Leben heran. Du, Gott, weißt, wie gefährdet dieses zarte Leben in unserer unruhigen Zeit ist. Wir bitten dich, bewahre es unter deinem Schutz. Hilf uns, ruhig zu werden. Hilf uns, unserem Kind alles zu geben, was es braucht, damit es ein gesunder, guter Mensch werden kann, durch den es auf unserer Welt ein wenig besser wird.
V. / A. Herr, erbarme dich unser.

Sechs Wochen nach der Befruchtung pulst in den Zellen des Kindes das Leben: Das Herz schlägt, das Blut wird durch die Nabelschnur gepumpt, der Embryo ist ständig in Bewegung. Sein Herz macht 140 bis 150 Schläge in der Minute, doppelt so viele wie das der Mutter.

Vater im Himmel, schenk unserem Kind ein gesundes Herz. Wie werden Herz, Nerven und Kreislauf einmal belastet sein in unserer hektischen Welt! Hilf uns, uns in diesen Monaten der Schwangerschaft Ruhe zu gönnen, uns, so gut wir können, von der Hektik abzusetzen, damit unser heranwachsendes Kind die nötige Ruhe hat, in der es sich entwickeln kann.

Vater, schenk ihm nicht nur ein gesundes Herz. Schenk ihm auch ein Herz, das lieben kann.

V./A. Christus, erbarme dich unser.

Schon einige Wochen nach dem Beginn der Schwangerschaft sind die Hände des Kindes voll ausgebildet. Es wird sie einmal gebrauchen für vielfältige Arbeiten. Freude und Leid wird es durch sie ausdrücken. Wird es sie auch ballen in der Wut? Wird es schlagen und wehtun?

Vater im Himmel, dir gehören jetzt schon diese kleinen Hände. Nimm sie hinein in deine Vaterhände. Wir wollen selbst in dieser Zeit bewusst auf unsere Hände achten, ob sie behutsam greifen, ob sie Freude vermitteln. Ich will sie falten im Gebet für mein Kind, für unsere Familie. Nimm mein Beten an und segne uns mit deinen guten Vaterhänden.

V./A. Herr, erbarme dich unser.

Überleitung

Psalmgebet: Ps 139,1–3.5.13–16a

(Bild stehen lassen)
Herr, du hast mich erforscht und du kennst mich,
ob ich sitze oder stehe, du weißt von mir.
Von fern erkennst du meine Gedanken.
Ob ich gehe oder ruhe, es ist dir bekannt,
du bist vertraut mit all meinen Wegen.
Du umschließt mich von allen Seiten
und legst deine Hand auf mich.

Denn du hast mein Inneres geschaffen,
mich gewoben im Schoß meiner Mutter.
Ich danke dir, dass du mich so wunderbar gestaltet hast.
Ich weiß: staunenswert sind deine Werke.
[…]

Antwortgesang / Instrumentalstück

Evangelium
Lk 1,39–56 (Besuch Marias bei Elisabet)

In diesen Tagen machte sich Maria auf den Weg und eilte in eine Stadt im Bergland von Judäa. Sie ging in das Haus des Zacharias und begrüßte Elisabet. Und es geschah, als Elisabet den Gruß Marias hörte, hüpfte das Kind in ihrem Leib. Da wurde Elisabet vom Heiligen Geist erfüllt und rief mit lauter Stimme: Gesegnet bist du unter den Frauen und gesegnet ist die Frucht deines Leibes. Wer bin ich, dass die Mutter meines Herrn zu mir kommt? Denn siehe, in dem Augenblick, als ich deinen Gruß hörte, hüpfte das Kind vor Freude in meinem Leib. Und selig, die geglaubt hat, dass sich erfüllt, was der Herr ihr sagen ließ. Da sagte Maria:
Meine Seele preist die Größe des Herrn und mein Geist jubelt über Gott, meinen Retter.
Denn auf die Niedrigkeit seiner Magd hat er geschaut. Siehe, von nun an preisen mich selig alle Geschlechter.
Denn der Mächtige hat Großes an mir getan und sein Name ist heilig.
Er erbarmt sich von Geschlecht zu Geschlecht über alle, die ihn fürchten.
Er vollbringt mit seinem Arm machtvolle Taten: Er zerstreut, die im Herzen voll Hochmut sind;
er stürzt die Mächtigen vom Thron und erhöht die Niedrigen.
Die Hungernden beschenkt er mit seinen Gaben und lässt die Reichen leer ausgehen.
Er nimmt sich seines Knechtes Israel an und denkt an sein Erbarmen,
das er unsern Vätern verheißen hat, Abraham und seinen Nachkommen auf ewig. Und Maria blieb etwa drei Monate bei ihr; dann kehrte sie nach Hause zurück.

Kurze Gedanken zu den Texten und Überleitung zum Segen

Lied
Von guten Mächten treu und still umgeben (GL 430)

Allgemeines Gebet vor der Geburt– Ausbreitung der Hände

Herr und Gott, Schöpfer allen Lebens. Du blickst auf die werdenden Mütter und Väter und willst ihnen Heil und Segen zuwenden.

Erfülle sie mit tiefer Freude über das Wunder des Lebens und segne sie. Beschütze sie und gib, dass die Kinder, die sie erwarten, gesund das Licht der Welt erblicken. Lass diese Kinder bei ihren Eltern geborgen sein und die Liebe finden, die sie in ihrem Leben brauchen.

So segne und behüte euch und eure Kinder und alle Menschen, die euch am Herzen liegen, unser Gott des Lebens: Gott Vater, Sohn und Heiliger Geist. (vgl. Benediktionale)

Einladung zum Einzelsegen

Wir laden jetzt jene, die ein Kind erwarten, ein, sich persönlich den Segen zusprechen zu lassen und nach vorne zu kommen. Wir laden auch die werdenden Väter ein, ihrer Partnerin die Hand auf die Schulter, oder – wenn beide wollen – auch auf den Bauch, zu legen.

Einzelsegen / Einzelzuspruch mit Handauflegung

Gott, der Herr, gebe dir / euch Hoffnung und Zuversicht in der Zeit der Schwangerschaft und auf eine glückliche Geburt.

Er segne und behüte dich / euch und dein / euer Kind, das du unter deinem Herzen trägst und ihr in euren Herzen tragt.

Im Namen des Vaters, des Sohnes und des Heiligen Geistes. Amen.

Während des Segens

Instrumentalmusik

Vaterunser

Fürbitten

Gott, du bist der, den wir den Guten nennen, das höchste Gut. Wir hoffen auf deine Begleitung für uns und unsere Kinder. Wir bitten dich für Menschen in verschiedenen Lebenssituationen.

- Gott, in dir ist Geborgenheit, wir bitten dich um Zuversicht und Segen für alle Frauen, die ein Kind erwarten und sich allein auf die Geburt vorbereiten.
- Gott, in dir ist keine Finsternis, wir bitten dich um Licht und Segen für alle Mütter und Väter, die ein Baby vor der Geburt verloren haben.
- Gott, in dir ist Lebendigkeit, wir bitten dich um Kraft und Segen für alle Frauen und Männer, die sich Kinder wünschen, aber keine bekommen können.
- Gott, du bist Liebe, wir bitten dich um Stärke und Segen für die Kinder, die eine Schwester oder einen Bruder erwarten.
- Gott, du bist das Leben, wir bitten dich um Gesundheit und Segen für alle, die heute hier sind und sich auf die Geburt ihres Kindes vorbereiten.

Gott, wir sind froh, dass wir auf dich vertrauen können. Du bist ein mütterlicher Gott, der sich um das Leben seiner Kinder sorgt. Du bist ein väterlicher Gott, der das Leben bereitet für seine Kinder. Dafür danken wir dir durch Christus, unsern Herrn. Amen.

Schlusslied
Voll Vertrauen gehe ich
oder anderes Lied

Weitere Möglichkeit:
Die Eltern erhalten eine Segensbitte in einem Geschenkröllchen:

Segen in der Schwangerschaft
Ich bin schwanger
bin voll Leben
vom Leben schwer

Wie schön ist es
das Leben zu spüren
und zu liebkosen

Wie schön
ein Haus zu sein
für das Leben

Behüte dieses Leben
in mir
durch mich

Mit allen Sinnen
will ich dem Leben
zugewandt sein

Segne mich
und alle
die das Gewicht des Lebens tragen

© Pfarre Dornbirn Hatlerdorf

Taufkatechese – konkret

Eltern, die sich für die Taufe ihres Kindes entscheiden, sind dabei die wichtigsten Personen. Sie handeln auch bei der Taufliturgie – immer auch in Stellvertretung für das (meist noch) kleine Kind, das seinen eigenen Glauben und seine eigene Entscheidung noch nicht selbst zum Ausdruck bringen kann.

Wenn die Kirche Säuglinge tauft – in der frühen Kirche waren es vorwiegend Erwachsenentaufen –, dann sind Eltern und Paten intensiv in ihrem ureigenen Glaubenszeugnis gefragt.[20] Deshalb sind mit Eltern alltagstaugliche Wege der Glaubenskommunikation auszutauschen, zu diskutieren und konkret familienpraktisch zu erschließen und zu erproben (vgl. Kap. 4): Familien realisieren Gottesberührung, wenn sie ihrem Kind ein Kreuzzeichen auf die Stirn machen, es segnen und sich und das Kind Gott, dem Schöpfer und Erlöser der Welt, anvertrauen. Familien sind Subjekte ihrer Gotteskommunikation, wenn sie ihr Kind teilhaben lassen an ihren eigenen Ritualen, wenn sie kindgemäße Rituale entwickeln und in der eigenen Familie regelmäßig vollziehen.

Oft haben die jungen Eltern seit ihrer Firmung mit der Kirche kaum noch Kontakt, sondern kommen mit ihr nur noch punktuell an Weihnachten oder zu bestimmten liturgischen Anlässen wie Beerdigungen oder anderen Taufen oder Familienfesten in Berührung. Umso mehr kommt es darauf an, dass die Kommunikation mit den Familien entspannt und für sie hilfreich realisiert wird.

Für viele sind die Rituale der Kirche mit ihren großen Verheißungen eine neue Erfahrung.

Aus der Praxis
Taufkatechese – praktische Anregungen

Organisatorisch kann die Taufkatechese folgendermaßen aussehen:
Die Gemeinde schreibt in regelmäßigem Abstand einen Taufsonntag aus, wofür sich die Eltern im Pfarrbüro anmelden können. 14 Tage vorher beginnt die Taufkatechese mit je einem Abend pro Woche. Es werden die Eltern und die Paten (letztere ohne Verpflichtung, aber herzlich willkommen) eingeladen.

Erstes Treffen Taufkatechese

Die eingeladenen Eltern und Taufpaten sitzen im Kreis. In der Mitte brennt eine Kerze, die von Farbtüchern umlegt ist. Die Eröffnung kann folgendermaßen aussehen:

Wir freuen uns, dass Sie Ihr Kind taufen lassen wollen und haben Sie eingeladen, damit Sie auf dem Weg der Taufe Unterstützung und Begleitung bekommen und sich holen können, sowohl von uns als auch von der Gemeinde und untereinander. Wir sprechen über Erfahrungen in der Schwangerschaft, bei und seit der Geburt: Was hat sich in der Familie verändert? – Wie kommen wir damit zurecht? – Was hat das alles mit Gott zu tun?

Eine Möglichkeit, solche Themen anzustoßen, sind Bilder. In der Mitte liegen einige Bilder von Kindern und Eltern, aber auch von Alltagssituationen. Es müssen natürlich ausdrucksstarke, thematisch passende Fotos sein, die die Menschen untereinander ins Gespräch bringen. Sie wählen sich jeweils ein Bild aus und sprechen dann zu zweit oder zu dritt miteinander über die ausgewählten Motive. Dieser Weg ermöglicht, dass die Eltern sehr früh miteinander ins Gespräch kommen und sich über die Bilder langsam auf das Thema Taufe konzentrieren.

Diese »Bildmethode« ist gruppenpädagogisch der leichtere Einstieg. Die Eltern können »über die Situation anderer Eltern und Kinder« sprechen und müssen nicht gleich über die eigene Schwangerschaft, die Geburt und die Situation, wie es ihnen geht, wenn sie nachts aufstehen müssen oder wenn sie Spannungen mit ihrem Partner / ihrer Partnerin haben, sprechen. Wenn sich aus den Überlegungen zu den Bildern eine Erweiterung auf die eigene Situation ergibt, geschieht dies meistens organischer und unkomplizierter.

Vor allem die Würdigung der Situation von Schwangerschaft und Geburt und der veränderten Situation – aus dem Paar wird durch ein Kind eine Familie – ist wichtig. Ein Kind verändert die Paarbeziehung. Bisweilen kommt es zu Eifersuchtsreaktionen des Vaters im Blick auf das Kind, weil er das Gefühl hat, dass die Frau sich mehr um das Kind kümmert als um den Mann – oder auch umgekehrt.

Hier können die eingangs erwähnten Themen besprochen werden. Für Eltern kann es in diesem Zusammenhang sehr interessant sein, sich darüber auszutauschen, was sie mit der Taufe verbinden und was sie motiviert, ihr Kind taufen zu lassen. Wichtig ist, dass die Eltern Folgendes verinnerlichen:

Die Taufe ist das grundlegende Sakrament, um Christ zu werden. Wenn Sie wollen, dass Ihr Kind Christin oder Christ wird, versuchen Sie, ihm durch die Taufe einen Weg in die christliche Gotteskommunikation hinein zu eröffnen. Indem Sie Ihr Kind taufen lassen wollen, geschieht dies ja jetzt Schritt für Schritt.

Am Ende des ersten Treffens in der Elterngruppe werden die Teilnehmenden gebeten, für den nächsten Abend jeweils ein Symbol mitzubringen, das ihnen viel bedeutet. Das kann ein Symbol aus der Partnerbeziehung sein, aus der eigenen Kindheit, ein Symbol aus der eigenen Herkunftsfamilie usw.

Zweites Treffen Taufkatechese

Nach der Begrüßung werden die Symbole, die mitgebracht wurden, in die Mitte gelegt und jede Person darf kurz erklären, warum sie dieses Symbol mitgebracht hat.

Wir versuchen, uns klarzumachen, was ein Symbol ist: Ein Symbol steht für eine Bedeutung. *Der Stein, den Sie mitgebracht haben von jener Bergwanderung, bei der Sie Ihren Mann kennengelernt haben, ist für Sie nicht nur ein Stein. Er trägt in sich die Bedeutung von Liebe und des Beginns Ihrer Partnerbeziehung. Für einen anderen Menschen ist dieser Stein lediglich ein Stein und kann diese Bedeutung gar nicht haben.* So ist es auch mit den Symbolen der Taufe. Wasser kann als Abwasser unbedeutend sein und einfach weggekippt werden, oder es kann sprudelndes Quellwasser sein. Licht kann eine Kerze geben, die man anzündet, wenn es Stromausfall gibt, es kann aber auch von einer Kerze kommen, die wir in der Liturgie an der Osterkerze anzünden, um eben das Licht der Osternacht symbolisch diesem Kind, das getauft wird, weiterzugeben.

Im nächsten Schritt werden die Symbole der Taufe thematisiert: Ein Krug Wasser, ein weißes Kleid, eine Kerze und das Chrisamöl werden in Kleingruppen gegeben. Jede Kleingruppe (2–3 Personen) spricht ca. 10 Minuten darüber, was für sie das jeweilige Symbol bedeutet, welchen Zugang die Teilnehmenden haben und was sie einander darüber sagen wollen. Danach erklärt die Gruppe, die das Symbol Wasser bedacht hat, den anderen, was Wasser bedeutet, eine andere Gruppe, was heiliges Öl bedeutet, usw.

Wichtig ist dabei, dass die Verantwortlichen der Taufkatechese an den entsprechenden Stellen Theologisches ergänzen, Horizonte aufzeigen und dabei auch das theologische Basiswissen im Blick auf die Symbole und Sakramente entsprechend in die Kommunikation einbringen. Die Teilnehmenden erwarten mit Recht eine professionelle Kompetenz der Begleiter auf dem Weg zur Taufe.

Wenn sie am Abend mit dem Gefühl nach Hause gehen, nichts Neues erfahren zu haben, ist dies letztlich auch nicht motivierend. Hier entsprechend selbstbewusst und mutig auch an die Kernthemen, wie etwa Erbsünde usw., heranzugehen, ist wichtig. Die Eltern beschäftigt ein solches Thema in der Regel ja doch – dann ist es besser, es gleich aufzugreifen und nicht zu verdrängen.

Zum Thema »Erbschuld« ist zu verdeutlichen, dass in der Taufe dem Kind nicht eine subjektiv selbstverantwortete Sündenschuld vergeben wird. Vielmehr wird in der Taufe das Kind dem Zusammenhang der menschlichen Schuldgeschichte entrissen. Es wird ihm zugesagt: Du stehst auf der Seite der Erlösung und nicht auf der Seite des Diabolischen und der Brutalität der Menschheitsgeschichte. Du bist dem, was sich in der Menschheit an Schuld aufgetürmt hat, nicht nur ausgeliefert, sondern du gehörst zu dem, der die Schuld der Welt dadurch getilgt hat, indem er das Extremste, was Menschen einander antun, selbst durchgemacht und damit den Knoten der Schuldverstrickung aufgelöst hat.

Bei dem Symbol *Wasser* ist es wichtig, darauf hinzuweisen, dass ursprünglich die Taufe durch Untertauchen gefeiert wurde. Die Taufbecken der frühen Kirche waren so strukturiert, dass man zwei oder drei Treppen hinunterstieg, ganz untergetaucht durch das Wasser hindurchging, auf der anderen Seite wieder auftauchte und dann das weiße Kleid angelegt bekam. Bis in das frühe Mittelalter hinein haben deswegen Frauen bei der Taufe mitgewirkt, da es Männern nicht erlaubt war, Frauen nackt durch das Wasser gehen zu sehen.

Das Symbol *Licht* ist auf die Osternachtsliturgie hin zu vernetzen (s.o.). Es geht also nicht einfach um Kerzenromantik, sondern um das Licht der Osternacht, das die Dunkelheit der Welt und damit auch die Dunkelheit im Leben dieses Taufkindes erhellt.

Das *Chrisamöl* verweist auf die Königskindschaft in der Königsherrschaft Gottes. Im Alten Testament wurden nur die Kinder von Königen gesalbt. Der Täufling hat in der Regel keinen König als Vater – und dennoch ist es ein Königskind in der Königsherrschaft Gottes. Vor allem wenn noch ältere Geschwisterkinder dabei sind, ist diese Aussage für die Geschwisterkinder meistens von hoher Bedeutung: Jetzt haben wir ein Königskind und auf dieses Königskind müssen wir gut aufpassen. Auch ihr Geschwister seid bei Gott ja schon Königskinder.

Das *weiße Kleid* wurde früher bei der Taufe den Täuflingen in der Osternacht angezogen. Sie haben dieses weiße Kleid eine ganze Woche getragen bis zum Sonntag nach Ostern. An diesem sogenannten »Weißen Sonntag« wurde das weiße Kleid dann abgelegt. Der Begriff »Weißer Sonntag« ist also von der anderen Seite her zu verstehen: Es war der Sonntag, an dem das weiße Kleid abgelegt wurde. Kinder assoziieren mit dem weißen Kleid in der Regel schnell »Hochzeit«. Bei der Taufe wird dem Kind gleichzeitig gesagt: Du bist eingeladen zum großen Gastmahl bei Gott. Das Himmelreich ist wie ein Hochzeitsmahl und das Gewand, das dir bei der Taufe umgelegt wird, trage es als Zeichen deiner Würde.

Der zweite Teil dieses Treffens der Taufkatechese dient dann der gemeinsamen Vorbereitung der Liturgie. Es ist hilfreich, dazu die Grundstruktur der Tauffeier auf einem Blatt mitzubringen, sodass die Eltern an der jeweiligen Stelle Lieder, Gebetstexte, Fürbitten usw. einfügen können.

Der zweite Abend endet mit einer kurzen meditativen Stille, einer Schweigeminute für die Taufkinder und mit einem gemeinsamen Vaterunser für die Täuflinge und ihre Familien. Dabei geben sich alle die Hände und vernetzen sich auch untereinander als Gemeinde Jesu Christi.

Eltern rate ich am Ende der Taufkatechese:

»Wenn Sie jetzt nach Hause kommen, schauen Sie Ihr schlafendes Kind an. Meditieren Sie Ihr Kind und vertrauen Sie es Gott an.« – Es wäre ein stimmiges Abendgebet.

Die Tauffeier

Am Beginn der Tauffeier spricht der Taufspender das Kind mit seinem Namen an und segnet es mit einem Kreuzzeichen auf die Stirn. Dazu spricht er:

»Mit großer Freude empfängt dich die Gemeinschaft der Glaubenden. Im Namen der Kirche bezeichne ich dich mit dem Zeichen des Kreuzes. Auch deine Eltern und Paten werden dieses Zeichen Jesu Christi, des Erlösers, auf deine Stirn zeichnen.« (Rituale Romanum 2007, 36)

Danach segnen die Eltern und die Paten, manchmal die ganze mitfeiernde Familie oder Gemeinde das Kind mit einem Kreuzzeichen. Das ist oft ein sehr anrührender Augenblick, wenn die Oma oder das ältere Geschwisterkind das Taufkind würdevoll und sehr bedächtig-meditativ segnet.

Manche Eltern »verstehen« erst in der gemeinsamen Feier und in der Konkretisierung der Rituale die »Goldstücke« der Taufe. Oft sind die Eltern vor der Taufe noch ganz angespannt, was jetzt auf sie zukommt und wie es geht. Hier ist der Liturge gut beraten, den Stress und die Spannung, man könne da etwas falsch machen, herauszunehmen und eine entspannte spirituelle Atmosphäre herzustellen.

Beim Vollzug der Rituale geht vielen Menschen das Herz auf – oft in einer Weise, wie wir es uns nicht vorstellen können. Nicht umsonst sieht man gerade auch bei Tauffeiern immer wieder Menschen mit »feuchten Augen«. Die vorbereitenden Rituale der Taufe sind die Segnung mit dem Kreuzzeichen auf die Stirn, die Fürbitten im Sinne von Solidarität füreinander vor dem Angesicht Gottes, das Absageritual an das Böse, das Ritual, den Glauben zu bekennen. Diese Rituale führen auf den Akt der Taufe mit Wasser hin. Die Taufe mit Wasser – »Im Namen des Vaters und des Sohnes und des Heiligen Geistes« – ist für Menschen dann auch leichter zugänglich, wenn man ihnen Folgendes erschließt: Gott ist Vater, Schöpfer unseres Lebens, Schöpfer dieses Kindes. Gott ist Sohn, der aus der göttlichen Welt gekommen ist, um das Leben von uns Menschen bis in die extremen Situationen hinein zu teilen, es zu durchleben und sich von Gott aus dem Tod erwecken zu lassen. Gott ist Heiliger Geist, der uns eine Zukunft gibt. So kann man zusammengefasst sagen: Gott ist unsere Herkunft – Gott ist Ankunft in der Menschheit – Gott ist die Zukunft unserer Zukunft. Darin wird der Täufling geborgen – von seiner Herkunft bis in seine Zukunft über seinen Tod hinaus. Auch dieser Gedanke wird in der Regel von Eltern als eine Gefühl-volle Erfahrung der Geborgenheit und der Verwurzelung in Gott positiv wahrgenommen und erlebt.

So manches dieser Taufkinder wird später vielleicht auch seine Eltern fragen: *»Papa, warum kommt man denn überhaupt auf die Welt, wenn man sowieso wieder sterben muss?«* – *»Du kommst deswegen auf die Welt, weil*

Gott wollte, dass du in diese Welt kommst. Gott hat mit dir auf dieser Welt, in diesem konkreten Zeitfenster, in dieser konkreten Region, in dieser konkreten Kommunikation mit den Menschen, mit denen du kommunizieren kannst, etwas Originäres und Einmaliges vor. Du bist eine Botschaft Gottes für diese Welt. Und du kommst auch deswegen in diese Welt, weil du eine Aufgabe hast für diese Welt und etwas von der Liebe Gottes auf dieser Welt weitersagen sollst.«

Der *Effata-Ritus* betont genau dieses: Gott öffnet dir deine Augen, dass du Gottes Liebe in dieser Welt sehen kannst. Gott öffnet dir deine Ohren, dass du Gottes Wort hören kannst. Gott öffnet dir deinen Mund, dass du Gottes Liebe weitersagen kannst.

Aus der Praxis
Wie kann es nach der Taufe weitergehen?

▶ Vernetzung der Taufeltern untereinander, die sich in der Regel nachher wieder im Kindergarten oder Schulbereich treffen.
▶ Segnungsgottesdienst[e] für bereits getaufte Kinder im Rahmen eines Familiengottesdienstes am Sonntag.
▶ Familiengottesdienst am Beginn des Kindergartenjahres mit den katholischen Kindergärten – analog mit den kommunalen Kindergärten.
▶ Vernetzung mit den Elternbriefen der Deutschen Bischofskonferenz.[21]

7. Kita als Ort der Gottesberührung

Für viele Kinder ist die Kita der Ort erster Gottesberührung

Viele Erzieherinnen und Erzieher sind »Engel«, sind Wegweiser am Weg der Kinder, die oft zum ersten Mal in ihrem Leben eine »Antenne« für Gott entwickeln.

Unvergesslich sind in meiner eigenen Biografie die beiden Erzieherinnen, die mit uns damals Geschichten von Jesus besprochen haben, mit uns in die nahe Kirche gegangen sind und mit uns über Wochen das geheimnisvolle Krippenspiel eingeübt und gefeiert haben.

Religiöse und interreligiöse Bildung in Kindertagesstätten ist zu einer gesellschaftlich hochbrisanten Herausforderung geworden. Die Bildungs- und Orientierungspläne – sie heißen in den Bundesländern verschieden – legen großen Wert auf interkulturelle und religiöse / interreligiöse Bildung. In einem jahrelangen großen Forschungsprojekt – unterstützt von der Stiftung Ravensburger Verlag – hat unser Tübinger Forschungsteam die hohe Relevanz von religiöser Bildung belegen können.[22]

Weiterführende Forschungsergebnisse und Praxisanregungen finden sich in folgenden Büchern:

– Anke Edelbrock / Friedrich Schweitzer / Albert Biesinger (Hg.), *Wie viele Götter sind im Himmel? Religiöse Differenzwahrnehmung im Kindesalter* (Interreligiöse und Interkulturelle Bildung im Kindesalter, Bd. 1), Waxmann Verlag, München 2010.

– Albert Biesinger / Anke Edelbrock / Friedrich Schweitzer (Hg.), *Auf die Eltern kommt es an! Interreligiöse und interkulturelle Bildung in der Kita* (Interreligiöse und Interkulturelle Bildung im Kindesalter, Bd. 2), Waxmann Verlag, München 2011.

– Friedrich Schweitzer / Anke Edelbrock / Albert Biesinger (Hg.), *Interreligiöse und interkulturelle Bildung in der Kita. Eine Repräsentativbefragung von Erzieherinnen in Deutschland – interdisziplinäre, interreligiöse und internationale Perspektiven* (Interreligiöse und Interkulturelle Bildung im Kindesalter, Bd. 3), Waxmann Verlag, München 2011.

– Albert Biesinger / Friedrich Schweitzer (Hg.), *Religionspädagogische Kompetenzen. Zehn Zugänge für pädagogische Fachkräfte in Kitas,* Herder Verlag, Freiburg 2017.
– Heike Helmchen-Menke / Andreas Leinhäupl (Hg.), *Kita als pastoraler Ort. Rahmenbedingungen, Praxisbausteine, Perspektiven – Ein Handbuch.* Schwabenverlag, Ostfildern, 2017.

Aus der Praxis
Auf die Eltern kommt es an – auch in der Kita

Bei der Aufnahme der Kinder in katholische Kitas ist es ratsam, einen »Bildungsvertrag« abzuschließen, der Folgendes beinhaltet:[23]
Zu unserer Kindertagesstätte gehört religiöse Bildung. Wir erwarten die Teilnahme an den Elternbildungsangeboten des Kindergartens mit den Themen: Rituale in der Familie – Familienkonferenz – Kinder brauchen Grenzen – Kinder und der Tod – Wie mit Kindern Konflikte konstruktiv lösen? – Wie mit Kindern Advent und Weihnachten, Kar- und Ostertage, Pfingsten feiern? – Mit Kindern beten, aber wie? – Wie viel Fernsehen verträgt mein Kind?

Da wir immer wieder auf das Problem in Kitas gestoßen sind, dass es Reibungspunkte in der interkulturellen und interreligiösen Kommunikation gibt, haben wir speziell hierfür Filmclips entwickelt. Diese Filmclips profilieren wichtige Themen, die in der Begleitung der Eltern im Kontext der Kindertagesstätten immer wieder auftauchen und lebensrelevant sind:
– »Wie ist das mit dem Tod?«
– »Wie sieht Gott aus?«
– »Gibt es (mehr als einen) Gott?«
– »Lieber Gott, hörst du mich?«
– »Wie ist das mit dem Kreuz?«

Mit diesen Filmclips für die Elternabende lassen sich solche Themen auch mit Kindern / Eltern anderer Religionen oder ohne religiöses Bekenntnis so gestalten, dass sie einbezogen und nicht ausgegrenzt werden.

Diese fünf Filmclips der Reihe »Kleine Menschen – große Fragen« stehen allen Kindertagesstätten im deutschsprachigen Raum zur Verfügung. Die Themen sind alltagsnah von den großen Kindertagesstätten-Organisationen Bundesvereinigung Evangelischer Tageseinrichtungen für Kinder e.V. (BETA) und Verband Katholischer Tageseinrichtungen für Kinder (KTK) mit entwickelt, von der Evangelischen Landeskirche Württemberg und der Diözese Rottenburg-Stuttgart sowie der Stiftung Gottesbeziehung in Familien initiiert (www.stigofam.de; hier finden Sie auch Informationen zu den Filmclips).

Interreligiöse Verständigung und Religionsfriede beginnt in der Kita

Die Kita kann einen wichtigen Grundstein für eine friedliche und fruchtbare Kommunikation zwischen den Religionen und den Menschen legen. Erzieherinnen und Erzieher können gemeinsam mit den Eltern Kinder in ihrer eigenen religiösen Orientierungssuche so begleiten, dass es nicht zu religiösen Vorurteilen gegenüber anderen religiösen Wegen kommt.

Wir stehen in West- und Mitteleuropa als Christen religionspädagogisch an einer historischen Wegkreuzung. Zwei Situationen zwischen Kindern – nicht erfunden, sondern aus konkreter Praxis – belegen dies eindrucksvoll:

Das erste Beispiel: Bei einem Gruppeninterview mit Kindergartenkindern im Rahmen unseres Forschungsprojektes an der Universität Tübingen zum Thema »Religiöse und interreligiöse Erziehung in Kindertagesstätten«[24] sagten Kinder in einer Gruppendiskussion: »In Berlin heißt Gott Jesus, in Thailand heißt Gott Buddha, und in Arabien heißt Gott Allah.«

Ortswechsel zur zweiten Situation:

Das Kommunionkind Mirjam geht in unserer Gemeinde mit ihrem Klassenkameraden Mustafa (Namen der Kinder geändert) gemeinsam den Heimweg von der Schule. Sie verstehen sich gut. Mustafa sagt zu Mirjam: »Der Gott kann doch keinen Sohn haben. Das mit Bethlehem ist alles Lüge.«

Am Abend dieses Tages leite ich das Elterntreffen auf dem Weg zur Erstkommunion. Wir führen erst einmal die Eltern zur Erstkommunion hin, bevor wir mit den Kindergruppen überhaupt beginnen. Am Beginn dieses Elterntreffens erzählt mir die Mutter von Mirjam von diesem Gespräch der beiden Kinder und sagt sehr erregt fordernd: »Und, Herr Biesinger, was sag ich jetzt meiner Tochter?«

Diese Szenen zeigen: Wir sind bereits mittendrin in einem Umwälzungsprozess, der für die Verkündigung in den Gemeinden und für die religionspädagogischen Prioritäten in den Schulen höchste Alarmstufe bedeutet. »Alarmstufe« nicht etwa, weil christliche Kinder in der Schule und in ihrem Alltag auch muslimischen, jüdischen, atheistischen oder anders religiösen Kindern begegnen, sondern »Alarmstufe« deswegen, weil viele christliche Kinder und Jugendliche in dieser multireligiösen Situation aufgrund mangelnder christlicher Bildung in die Defensive geraten. Kinder sind auf der Suche nach der Wahrheit der Religionen bereits untereinander Gottesexperten.
Viele christliche Kinder und Jugendliche können den kritischen religiösen Anfragen ihrer muslimischen Klassenkameraden kaum Rede und Antwort stehen. Sie haben für diese Fragen – und damit auch für sich selbst – keine Antworten.
Unsere Kinder und Jugendlichen brauchen eine andere, entschiedenere Qualität von religiöser Erziehung und Begleitung, damit sie lernen, im Pluralismus der Religionen ihr Christsein von den eigentlichen Wurzeln und elementaren Grundlagen her zu verstehen und im interreligiösen Dialog auskunftsfähig zu sein.
Gott hat nicht einen Sohn, so wie ich einen Sohn habe.
Gott ist *Sohn.*
Gott ist in Jesus Mensch geworden.
Das Kommunionkind Mirjam könnte Mustafa auf seine Aussage hin, dass Gott doch keinen Sohn haben könne, sagen: »*Bei uns ist Gott der Vater, der uns alle erschaffen hat, Gott ist für uns »Heiliger Geist«. Dass Gott Mensch geworden ist, genau darüber freuen wir Christen uns so an Weihnachten. Deswegen ist das für uns ein so eindrucksvolles großes Fest.«*

8. Gottes Berührung in der Eucharistie
Bernd Jochen Hilberath

»Brannte nicht unser Herz?«

»Wir haben Gottes Spuren festgestellt« – die Erfahrungen des Taufliedes (s. o. S. 47) gelten auch für den Weg zur Kommunion, der Gemeinschaft mit Jesus Christus in der Eucharistie. »Brannte nicht unser Herz in uns, als er unterwegs mit uns redete und uns den Sinn der Schriften eröffnete?« (Lk 24,32), wurde den Emmaus-Jüngern bewusst, als Jesus »ihren Blicken entschwand«. Sie bestätigen damit die Erfahrung, dass wir vielfach erst im Nachhinein Gottes Berührung wahr-nehmen. Die Erzählung von den beiden Jüngern, die von Jerusalem nach Emmaus heimgehen und dann aufgrund ihrer Gotteserfahrung, die sie nicht für sich behalten konnten, schnurstracks zu den anderen zurückkehren, ist nicht nur eine Musterkatechese im Allgemeinen, sondern auch im spezifischen Sinn. Denn sie erzählt uns nicht nur das nachträgliche Ge-wahr-Werden einer Gottesberührung, sondern bezeugt im Höhepunkt der Erzählung, dass es auch unmittelbare Gotteserfahrung gibt: »Und es geschah, als er mit ihnen bei Tisch war, nahm er das Brot, sprach den Lobpreis, brach es und gab es ihnen. Da wurden ihre Augen aufgetan und sie erkannten ihn; und er entschwand ihren Blicken« (Lk 24,30–31). So bestätigt sich, was wir als typisch für Gottes Berührung schon kennengelernt haben: Wir können uns berühren lassen, aber wir können nicht festhalten, weder ergreifen noch begreifen. An dieser Stelle geht es uns jetzt um das Spezifische der Gottesberührung bei der Feier des Brotbrechens, der Eucharistie.

Hier hat uns die Emmaus-Geschichte Wegweisendes für unser Verständnis der Eucharistie, der »heiligen Kommunion« als communio (Gemeinschaft) mit Jesus Christus, zu sagen:

– Jesus Christus ist *auf vielfache Weise unter uns gegenwärtig,* mit uns Menschen auf dem Weg. Auf allen »Menschenstraßen« können wir Gottes Spuren entdecken. Die Sakramente sind Verdichtungen und ausdrückliche Feiern von Gottes Berührungen und unseren Gottesberührungen. Es ist hilfreich, die besondere Gegenwart Jesu Christi in der Eucharistie in diesem größeren Zusammenhang zu betrachten. Gegenüber einer allzu starken Fixierung der »Realpräsenz« in den Gestalten von Brot und Wein hat die Liturgiekonstitution des Zweiten Vatikanischen Konzils in Nr. 7 die vielfache Gegenwart Christi herausgestellt: »Gegenwärtig ist er mit einer Kraft [dem Heiligen Geist] in den Sakramenten, so dass, wenn immer einer tauft, Christus selber tauft. Gegenwärtig ist er in seinem Wort, da er selbst spricht, wenn die heiligen Schriften in der Kirche gelesen werden. Gegenwärtig ist er schließlich, wenn die Kirche betet und singt.«

– Im Wort und in »sinnenfälligen Zeichen« ist also Jesus Christus gegenwärtig. Das haben wir zu beachten, damit wir auch den Höhepunkt seiner Gegenwart, seine unverwechselbare Präsenz in der Eucharistie, richtig verstehen können (soweit wir dieses Geheimnis überhaupt verstehen können). In meinem Kommunionunterricht wurden wir Kinder vor falschen »Gottesberührungen« gewarnt: Nicht mit den Fingern die Hostie lösen, wenn die am Gaumen klebt; als Messdiener nur mit weißen Handschuhen Hostienschale, Kelch oder Monstranz tragen. Uns wurde vermittelt, dass der Herr Jesus »irgendwie leibhaftig« in der Hostie eingeschlossen ist, so dass wir ihn nur schlucken, aber nicht kauen sollten. Über Jahrhunderte ist eine solche Einstellung gewachsen, weil die Gläubigen sich die Gegenwart Jesu Christi, wenn sie denn »wirklich« sein soll, nur oder jedenfalls überwiegend als »körperlich« vorstellen konnten. Hier kommt auf die Katechese die Aufgabe zu: (1) ein Verstehen der Vielfalt von Wirklichkeit zu entwickeln und zu fördern; (2) Brot und Wein als Mahlgaben und nicht als »Container« vorzustellen; (3) Christus zu zeigen als der, der zum Mahl einlädt, zu einem Mahl, in dem er sich selbst als Lebens-Mittel, als Mittler zum Leben, gibt; (4) zur Einsicht zu führen, dass Christus nicht unseren Gaumen, die Speiseröhre oder den Magen berühren will, sondern – wie bei den Emmausjüngern – unser Herz, so dass uns die Augen aufgehen und wir erkennen, was Wirklichkeit ist. Christus will nicht unsere Sinne berühren, sondern *durch die Sinne hindurch unser Herz,* uns als Mensch, als Person.

– Deutlicher und theologisch angemessener als in meiner Kindheit ist auch die Rolle des Priesters als des Vorstehers, des Leiters der Eucharistiefeier nahezubringen. »Hokuspokus« ist ja bekanntlich die Verballhornung des Wandlungswortes »Hoc est enim corpus meum«. Und diese »Wandlungsvollmacht« wurde nicht selten im Sinne einer magischen Kraft missverstanden, zumal wenn die Worte über Brot und Wein in gebeugter Haltung gehaucht / leise gesprochen wurden.

– In der Erstkommunionkatechese spielt der Gedanke des Messopfers zumindest keine vorrangige Rolle. Aber er ist noch im Bewusstsein der älteren Generationen und deshalb gelegentlich ein Thema. Leider fördern auch manche liturgischen Texte (z.B.: »Der Herr nehme das Opfer an aus deiner Hand …«), die noch nicht ausreichend theologisch überarbeitet wurden, ein zumindest problematisches Verständnis von Opfer und der Rolle des Priesters.

Weil die »Endmoränen« dieses problematischen Eucharistieverständnisses noch nicht der Vergangenheit angehören und ein theologisch angemesseneres Verständnis, das dem Kern der kirchlichen Lehre entspricht, vielfach nicht bekannt ist, scheint es notwendig, ein wenig ausführlicher auf die theologischen Grundlagen einzugehen. Gerade auch mit Blick auf die konfessionsverbindenden Ehen und Familien knüpfe ich an Aussagen des Lima-Papieres an. Es handelt sich dabei um die von der Kommission für Glauben und Kirchenverfassung des Ökumenischen Rates der Kirchen 1982 in Lima verabschiedeten Konvergenzerklärungen zu Taufe, Eucharistie und Amt.

Worauf es ankommt

Als Allerwichtigstes sei vorab betont, dass das Entscheidende für alle, die Eucharistie (mit)feiern und katechetisch dazu hinführen wollen, ist, sich selbst zu fragen, was die Eucharistie *mir* bedeutet. Wenn ich selbst keinen persönlich-existenziellen Bezug zur Eucharistie, zum Abendmahl habe, macht es gar keinen Sinn, theologisch noch weiter darüber nachzudenken. Also: Dass ich diese Feier vermisste, wenn es sie nicht gäbe, dass ich spirituell quasi brot-los wäre, wenn es sie nicht gäbe. Dass ich durstig bliebe in meiner Spiritualität.

Es macht keinen Sinn, darüber zu spekulieren, wenn ich nicht darunter leide, dass ich Brot und Wein, jedenfalls nach kirchenrechtlicher Regelung, nicht mit den Schwestern und Brüdern teilen kann. Das ist also die entscheidende Frage: Was ist mir das Abendmahl, was ist *mir* die Eucharistie wert?

Wilhelm Wilms, katholischer Priester und Dichter, hat es einmal so formuliert:

stellen sie sich einen menschen vor
der für sie brot ist
den sie brotnotwendig haben
einen menschen
der für sie eiserne ration ist
ohne den sie verhungern

stellen sie sich einen menschen vor
der für sie noch mehr ist als brot
der darüber hinaus
ein kostbarer schluck wein ist
der sie munter macht
der sie froh macht
der sie trunken macht
....[25]

Die Schöpfungsgaben von Brot und Wein, das notwendige Lebensmittel und das ermunternde Lebensmittel, diese Gaben des Schöpfers hat Jesus im Abendmahlssaal quasi umgestiftet zu Gaben der neuen Schöpfung, des definitiven Bundes zwischen Gott und den Menschen. Aus der Speise zum Leben, notwendig zum irdischen Überleben, wurde die Speise zum ewigen Leben. Seitdem teilen Christinnen und Christen das Brot der Hoffnung und den Wein der Freude.

Beziehungsweise: Sie sollten es teilen! Denn offiziell und auch an der Basis dominiert immer noch die Auffassung, dass das Verständnis von Eucharistie einerseits und Abendmahl andererseits so verschieden ist, dass wir nicht gemeinsam feiern können.

Die ökumenische Theologie der letzten Jahrzehnte legt eine andere Schlussfolgerung nahe!

Realpräsenz: »wirkliche« Gegenwart

Das im Abendmahlsgottesdienst, in der Eucharistiefeier gereichte und geteilte Brot ist etwas wesentlich anderes als das Pausenbrot, es ist »Brot für die Welt«. Das heißt: Es hängt von unserem Zusammensein ab, was wir mit

Brot machen, was das Brot bedeutet. Für dieses Brot nimmt Jesus Christus uns in seine Gemeinschaft, wenn wir es miteinander teilen, wenn er es uns gibt als Zeichen seiner Hingabe, für uns alle, ein für alle Mal.

Freilich: Das ist eine besondere Art der Gegenwart, für die braucht es Augen, die eine gewisse Tiefenschärfe haben. Da braucht es vielleicht auch die Augen des Herzens, die von innen heraus sehen, was hier geschieht. Wer nur beim äußeren Vorhandensein bleibt, kann nicht verstehen, was wir feiern.

Hintergrundinformation
Gemeinsamer Glaube an die Gegenwart Jesu Christi

Ich beginne mit dem *ist* und dem *bedeutet*. Auch die Mehrheit der evangelischen Christen glaubt an die wirkliche Gegenwart Jesu Christi im Abendmahl. Der Streit beim Marburger Religionsgespräch 1529 war ja der zwischen Luther und Zwingli! Die Schweizer Reformatoren hatten größere Probleme, haben die Gegenwart im Abendmahl nur symbolisch verstehen wollen, deswegen hat Luther das Tischtuch zerschnitten – zwischen ihm und Zwingli. Nicht zwischen ihm und Rom! Luther hat mit den gleichen Worten lateinisch wie deutsch über die Gegenwart Christi in der Eucharistie gesprochen wie später das Konzil von Trient: Jesus Christus ist wahrhaft, wirklich, der Substanz nach im Abendmahl gegenwärtig. Das war für Luther ganz klar. Aber im Pulverdampf der Reformation wurde übersehen, dass hier eine ganz große Gemeinsamkeit besteht.

Dass wir »Real-Präsenz« sagen müssen, ist an sich ein Problem, denn: Entweder ist etwas präsent oder es ist nicht präsent. Unsere jungen Leute verstehen das vielleicht eher: Es gibt eine »virtuelle Präsenz« im Netz, da ist auch etwas real, aber nur virtuell. Aber bezüglich der Eucharistie müssten wir für die jungen Leuten heute formulieren: Woran wir glauben, das ist »wirklich-wirklich«. Das entspricht der Betonung der »Realpräsenz« – es ist »wirklich wirklich«. Er ist da, er schenkt sich uns!

»Eine wundersame Wandlung«

Gelegentlich werde ich in Glaubensgesprächen gefragt: »Glauben die Katholiken noch an die Transsubstantiationslehre?« Es gibt offenbar Leute, die dieses Monsterwort noch kennen.

Meine erste Antwort: Nein. Daran haben die Katholiken noch nie geglaubt, weil man an eine Lehre nicht glauben kann. Ich kann an die Gegenwart Jesu Christi glauben. Glauben kann ich eigentlich nur an Gott. Ja, vielleicht noch an unseren Partner oder an die Liebe – glauben im Sinne des vollen Vertrauens. Doch wenn ich sage: Ich glaube an die Transsubstantiationslehre, ist das ein uneigentlicher Gebrauch von »Glauben«. Damit kann nur gemeint sein: Ich halte »Transsubstantiation« für eine angemessene Weise, theologisch zu beschreiben, was wir feiern.

Das war tatsächlich im hohen Mittelalter eine angemessene Weise. Aber schon Luther hat sie aus verschiedenen Gründen nicht mehr als angemessen verstanden betrachtet. Und heute müssten wir den Menschen so viel erklären, um zu erläutern, dass das eine gute Absicherung unseres Verständnisses von der »wirklichen« Gegenwart ist. Wir brauchen diese Theorie nicht. Theologen sollten wissen, worum es geht, aber es gibt andere Verstehensweisen. Das Konzil von Trient sagt ja selbst: Wir können mit Worten kaum ausdrücken, was diese geheimnisvolle Gegenwart ist.

Der Wein, den wir beim Abendmahl reichen, hat etwas zu tun mit dem Wein, den wir beim Fest trinken, und ist doch unendlich mehr. Er muss nicht rot sein, um uns an die Lebenshingabe Jesu Christi zu erinnern. Das wäre ein vordergründiges Missverständnis. Aber dass *Er* seinen Lebenssaft hingibt, damit wir leben – das ist es! Das ist das Entscheidende.

Das Opfer Christi und der Kirche

Wenn wir uns also in der Frage der »wirklich wirklichen Gegenwart« grundsätzlich einig sind – man kann ja theologisch verschieden darüber denken –, ist es dann das Messopfer, was uns trennt?

In der Tat war das in der Reformationszeit der gewichtigere Unterschied. Der Heidelberger Katechismus der reformierten Tradition nennt die Lehre vom Messopfer eine »vermaledeite Abgötterei«. Und Luther hat in den Schmalkaldischen Artikeln (da war die Trennung der Christenheit allerdings auch schon vollzogen; da wurde er im Tonfall immer schärfer, polemischer) gesagt: Angesichts der päpstlichen Messe seien wir auf ewiglich geschieden und gegeneinander.

Muss das sein? Was ist denn mit Messopfer gemeint? Sogar das Konzil von Trient hatte erklärt: Das Messopfer kann das Opfer Christi am Kreuz nicht ergänzen, nicht vermehren. Die Rede von der unblutigen Wiederholung ist sehr irreführend! Christus ist ein für alle Mal für alle gestorben. Was wir feiern, ist: Wir lassen uns hineinnehmen in seine Lebenshingabe. Die Lebenshingabe Jesu Christi gilt auch jeder / jedem von uns, was in der evangelischen Tradition noch deutlicher zum Ausdruck kommt: »Leib Christi, gegeben für dich. Das Blut Christi, vergossen für dich.« Und dass wir von da aus dann, im Sinne des »Ite missa est«, »Geht hinaus«, so mit den Mitmenschen umgehen, das meint »Opfer der Kirche«.

Hintergrundinformation
Wiederentdeckung des gemeinsamen Glaubens

Es gab ein ökumenisches Projekt, »*Lehrverurteilungen – kirchentrennend?*«, das auf Anregung von Kardinal Ratzinger beim ersten Besuch von Papst Johannes Paul II. in Deutschland in Auftrag gegeben wurde. Leider ist es bis heute nicht rezipiert worden und kaum bekannt. In den Studien wird festgestellt, dass in den allermeisten Fällen die damaligen Lehrverurteilungen heute nicht mehr zutreffen und dass die noch bestehenden Differenzen, gerade die im Abendmahlsverständnis, nicht länger kirchentrennend sind. Die Theologen, die an dieser Arbeit beteiligt waren, haben in einem ausgewogenen Text das gemeinsame christliche Bekenntnis zum Abendmahl, zur Eucharistie formuliert, indem sie jeweils typische Signalwörter aus der katholischen, der lutherischen und der reformierten Tradition gebraucht haben.

Die »Formel« lautet:

»Gegenwärtig wird der erhöhte Herr im Abendmahl« –
also der, der beim Vater ist, der sein Werk vollendet hat, er wird gegenwärtig. Nicht der historische, irdische Jesus, es ist keine Wiedergeburt und Wiederbelebung, sondern Er, der erhöhte Herr. Er wird gegenwärtig …

»in seinem dahingegebenen Leib und Blut.«
Brot und Wein, das sind die Opfergaben, wenn sie in »Opfergesten« ausgeteilt werden. Nicht auf die Hostie kommt es an und ob der Kelch emporgehoben wird. Das hat man im (Spät-)Mittelalter, weil man so verlegen war, was »Opfer« bedeutet, gesagt: Das Brot wird gebrochen, es wird hochgehoben, und so wurde ein letztlich falsches Opferverständnis gefördert. Dass ausgeteilt und uns gegeben wird, das ist das Opfer.

»in seinem dahingegebenen Leib und Blut,
mit Gottheit und Menschheit«
also er ganz als Person, nicht ein Stück von ihm,

»durch das Verheißungswort«,
das war den Reformierten ganz wichtig: dass es kein Hokuspokus ist, was der Priester macht, sondern dass es das Verheißungswort ist: Sooft ihr dies feiert, verkündet ihr den Tod des Herrn.

»durch das Verheißungswort
in den Mahlgaben von Brot und Wein
in der Kraft des Heiligen Geistes«
also auch wieder: nicht magisch, sondern kraft des Gottesgeistes,

»zum Empfang durch die Gemeinde.«
Nicht primär zum Anbeten und Herumtragen! Das kann man auch tun, aber als sekundäre Anwendung dessen, worum es geht. Primär geht es darum, dass die Speisen auch aufgenommen werden, miteinander geteilt werden, dass Christus in gewissem Sinn in mich hineinkommt.

Also: Weder das »wirklich-wirklich« noch der Opfercharakter müssen uns daran hindern, gemeinsam Abendmahl zu feiern.

Bei unseren Emmaus-Erfahrungen bleiben

Das ist in der konfessionsverbindenden Ehe und Familie so, das kann auch in Gemeinschaften und Gemeinden so sein.

Wenn wir gemeinsam als Emmausjüngerinnen und Emmausjünger unterwegs sind, wenn wir Erfahrungen mit Jesus machen, wenn das Herz beim Lesen in der Bibel brennt und wenn uns beim Feiern die Augen aufgehen, dann ist die gemeinsame Eucharistiefeier nicht mehr Ausnahme, sondern selbstverständlich.

Es kommt aber darauf an, dass wir dafür brennen!

»Brannte uns nicht das Herz, als er uns auf dem Weg die Schrift erklärte?«

Ich meine, dass wir Abendmahl miteinander feiern sollten, nicht erst, wenn wir irgendwann einmal in Jerusalem angekommen sind, sondern wenn wir, das ist die Voraussetzung, Emmaus-Erfahrungen schon gemacht haben. Dann feiern wir in Emmaus! Die Jünger haben ja nicht vorher gewusst: Das ist Jesus!, und haben dann gefeiert, jetzt lädt uns Jesus ein. Sondern sie haben einen Fremden eingeladen und dann die Erfahrung gemacht: Er ist es.

Bleiben wir bei unseren Emmauserfahrungen, bleiben wir aber damit nicht stur bei uns stehen! Gehen wir wie die Emmausjünger an die verschiedenen Jerusalem-Orte! Erzählen wir, was wir erfahren haben, was uns wichtig geworden ist!

Erzählen wir von den Spuren Gottes in der Menschenwelt, die wir festgestellt haben, von den Wundern, die passieren können, wenn Menschen sich füreinander öffnen auf dem Weg, sich begegnen, gastfreundlich sind und Gastfreundschaft annehmen!

»Gott wird auch unsre Wege gehn, uns durch das Leben tragen«, heißt es in dem Refrain des zitierten Liedes. Oh ja: »Wirklich-wirklich«!

9. Eucharistiekatechese als Gottesberührung von Kindern und Eltern vor Ort

»Die Erstkommunion soll mein Kind schon mitmachen können, aber mit mir hat das nichts zu tun. Lasst mir meine Ruhe.«
»Wir haben immer mehr zu tun, wir müssen die Erstkommunion herunterfahren.«
»Wir müssen von der Fokussierung auf die Erstkommunion wegkommen und andere Katecheseformen suchen.«
»Gott sei Dank ist die Erstkommunion vorbei.«
»Jetzt geht dieser Mist mit der Erstkommunion schon wieder los.«
(Äußerungen aus der Praxis)

Manche Gemeinden erleben, dass am Tag nach der Erstkommunion Eltern aus der Kirche austreten: »Jetzt haben wir ja das Fest noch mitgenommen, jetzt brauchen wir von der Kirche ja nichts mehr.« Andere Gemeinden stellen sich nachhaltig motivierend auf die jungen Eltern ein – mit großer positiver Resonanz. »Wir haben die Kirche endlich wieder als sinnvoll erlebt und sind mit Gott neu in Kontakt gekommen.« Ich kenne viele Kinder in meinem Umfeld, die diesem Fest oft geradezu entgegenfiebern und hinterher Ministranten werden wollen.

Ob der Umbruch der Katechese zu einem Aufbruch oder zu einem Abbruch wird, hängt von einer präzisen Analyse der Situation vor Ort, aber auch vom gesellschaftlichen Umfeld ab und außerdem von Qualitätskriterien, die in der konkreten Praxis der Katechese vor Ort zum Zuge kommen. Zum Beispiel:
In der einen Seelsorgeeinheit wollen mehr als die Hälfte der Eltern selbst die Kindergruppen leiten, und es ist zu überlegen, wie dies konkret gehen soll. Man kann ja einer Gruppe von acht Kindern nicht fünf Leiterinnen geben. In einer benachbarten Seelsorgeeinheit gibt es gar keine Kommunionkindergruppen mehr, weil sich keine Gruppenleiterinnen und Gruppenleiter zur Verfügung stellen.

Nicht nur die Kinder, auch ihre Eltern in der Gottesberührung unterstützen

Und wie begleite ich jetzt die Erstkommunionfamilien? Kinder im Alter von 8–10 Jahren sind intensiv auf ihre Eltern eingestellt. Wenn man auch nur ein bisschen von systemischer Kommunikation versteht, dann ist es richtig, Eltern und Kinder als Familie auf ihrem Weg zur Erstkommunion in die Berührung mit dem Heiland der Welt zu bringen.

Zunächst brauchen Eltern Anleitung für Gottesberührung. Sie haben ein Recht auf Begleitung bei ihrer religiösen Begleitung ihrer Kinder.

Aus der Praxis
»Wenn es so einfach ist, dann kann ich es ja auch!«

Es ist ein nebliger Novemberabend am Bodensee. Ich bin eingeladen, die große Gruppe der Eltern in konkrete Möglichkeiten der familienorientierten Katechese einzuführen. Im Foyer des Gemeindezentrums kommt ein Vater auf mich zu und beginnt zu schimpfen: »Meine Frau ist weggegangen. Ich erziehe meine Tochter alleine und jetzt muss ich auch noch zu sowas hingehen, nur weil sie zur Erstkommunion gehen will.« Ich höre geduldig zu. Der Mann weiß nicht, dass ich gleich den Vortrag halten werde. Im Vortrag gehe ich auf die folgenden Themen ein:
 – Was gewinnen Kinder durch religiöse Erziehung und was fehlt ihnen, wenn sie keine bekommen?
 – Wie kann es konkret und alltagstauglich aussehen, im normalen Stress und den Zeitproblemen, die Gotteskommunikation in der Familie zu realisieren?

Danach bitte ich die Eltern in dem an jedem Platz ausgelegten Familienbuch[26] das Bild von Emil Nolde »Christus und die Kinder« anzuschauen. Nach einer kurzen Bildmeditation gehen wir weiter zum Thema
 – Wandlung und Verwandlung unseres Lebens: Was meint »Leib und Blut Christi«?

In der Diskussionsrunde sagt dieser Mann später: »Wenn es so einfach ist, dann kann ich es ja auch.« Die Äußerung dieses alleinerziehenden Vaters hat mich auf der Heimfahrt in die Nacht hinein noch lange beschäftigt. Der Mann war Weltraumingenieur. Aber er hatte Hemmungen, mit seinem Kind mit Gott und über Gott zu sprechen.

Wie wichtig es ist, Eltern theologische Hintergründe zu vermitteln, zeigt folgendes Negativbeispiel:

Eltern fragen bei einem der Elternabende auf dem Weg zur Erstkommunion, was denn mit »Wandlung« gemeint sei. Sie bekommen die Antwort: »Da muss ich erst mal nachlesen.« Beim nächsten Elternabend kommt die Frage wieder, und die Eltern gehen frustriert weg, weil ihnen für sie unverständliche theologische Begriffe als Antwort präsentiert wurden.

Es ist mit der Glaubwürdigkeit schnell vorbei, wenn wir die »Goldstücke« – Jesus sagt in seinem Gleichnis »Schatz im Acker« – nicht so kommunizieren, dass auch Menschen ohne theologisches Vorwissen die Verheißung, die in »Wandlung und Verwandlung unseres Lebens« steckt, verstehen können. Oder wenn wir die Verheißung, die in der Salbung mit Chrisamöl als Zeichen für die Königskindschaft greifbar wird, nicht verständlich machen können.

Ermöglichung und Unterstützung der Gottesberührung

Die Glaubenskommunikation untereinander, aber vor allem zu Hause, hat einen wichtigen Stellenwert. Menschen tauschen sich über wichtige persönliche Fragen meist mit engen Freunden und Familienangehörigen aus. Daher ist es religionspädagogisch zwingend notwendig, Eltern auf ihrem Weg der Gottesberührung mit ihrem Kind zu fördern und ihnen entsprechende Wegbegleitung zu geben.

Aus der Praxis
Gottesberührung – wer kommuniziert mit wem?

Rückmeldungen aus verschiedenen Gemeinden zeigen, dass die Beteiligung in der Regel anwächst, wenn das katechetische Leitungsteam einer Gemeinde folgende katechetische Kommunikation anregt und kompetent begleitet.

Hierfür eignet sich das Kommunikationsschema Familienkatechese als konkreter katechetischer Weg (vgl. folgende Abbildung):

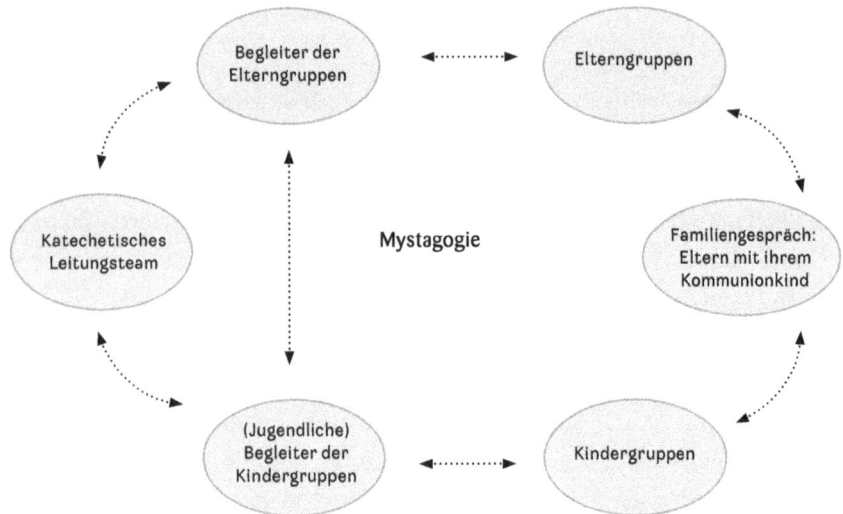

Kommunikationsschema Familienkatechese: Systematisch strukturierte Kommunikationsstruktur der Gruppen in der Erstkommunion als Familienkatechese (Weiterentwicklung einer Abbildung aus dem Familienbuch)[27].

Der »Knackpunkt« von Familienkatechese ist die Anleitung der Eltern zum religiösen Familiengespräch mit dem eigenen Kind. Für das Familiengespräch zu Hause hat sich das *Familienbuch »Gott mit neuen Augen sehen«*[28] bereits für unzählige Familien bewährt, und es kann, wie nachfolgend beispielhaft gezeigt, zeitlich flexibel in den Wochenverlauf eingebettet werden:
Abends am Bett des Kindes oder am Sonntagnachmittag kann daraus gelesen und über die Themen gesprochen und diskutiert werden. Kinder genießen es, Papa und / oder Mama mal so richtig für sich allein zu haben. Das Familiengespräch wird zu einem Ritual in der Familie. Als thematische Bausteine für das Familiengespräch sind erprobt: Einmalig und unverwechselbar, Unsere Tür zu Gott, Mit Jesus im Kontakt, Wir streiten und versöhnen uns, Raus aus der Sackgasse, Was ist, wenn wir sterben, Wandlung und Verwandlung unseres Lebens u. a.[29]

Viele Kinder erzählen unbefangen, wie schön es war, dass sich die Mutter oder der Vater Zeit für sie genommen hat, um mit ihnen Geschichten, Gespräche oder Gebete aus dem Familienbuch zu lesen oder zu gestalten.

»Ich hätte gar nicht gedacht, dass meine Mama das so gut kann ...« – so ein 9-jähriger Junge.

Natürlich sprechen nicht alle Eltern mit dem eigenen Kind zu Hause über religiöse Fragen, aber denjenigen Eltern, die dafür ansprechbar sind, die nach einer Antwort auf die religiösen Fragen ihrer Kinder suchen, ist eine solche Unterstützung sehr wichtig.

Dass die Kinder sich in diesem Modell über die Familie hinaus in ihrer Peergroup, das heißt in der Gruppe mit Gleichaltrigen, vorbereiten, vernetzt die Kinder über die Familie hinaus.[30]

In Begleitung zu dem Familienbuch »Gott mit neuen Augen sehen«[31] gibt es den Leitfaden für die Kindertreffen[32], in dem dieselben Themen wie die Bausteine im Familienbuch als Gruppenstunde ausgearbeitet sind. Das dritte Buch ist der Leitfaden für das Leitungsteam mit ausgearbeiteten Modellen für die Elterntreffen.[33]

Wie in dieser Konzeption mit den Büchern gearbeitet werden kann, zeigt nachfolgender Vorschlag, der dem jeweiligen Kalendarium und den konkreten Gegebenheiten vor Ort leicht angepasst werden kann.

Wie Eltern es selber können – ein Vorschlag

Die Familien bekommen einen »*Leseplan*«, mit den Themen des Familienbuches für die entsprechenden Wochen, die parallel dazu auch in den
Kindergruppen behandelt werden. Auswahl erfolgt vor Ort.

Prozessplanung Erstkommunionweg als Familienkatechese			
geeignet auch für große Seelsorgeräume und entsprechend kombinierbar für die zeitliche Planung von Familientagen oder Sonntagvormittagen			
Zeitrahmen			Familiengespräche zu Hause – Familienbuch
Oktober bis Dezember	1. Elterntreffen	Einführung in den Kommunionweg auf der Basis der Bausteine 14 und 16 im Familienbuch (alle Eltern bekommen ein Exemplar); Leitfaden-Elterntreffen S. 121–132	Bildbetrachtung mit Kind S. 76 Baustein 10 – Tür zu Gott
	1. Kindertreffen	Miteinander leben (Leitfaden-Kindertreffen: Baustein 1)	Baustein 1 – Miteinander leben / Baustein 2 – Tag für Tag / Baustein 9 – In Gottes Hand geschrieben
	2. Kindertreffen	Einmalig und unverwechselbar (Leitfaden Kindertreffen: Baustein 5)	Baustein 5 – Einmalig und unverwechselbar
	Familiengottesdienst	Vorstellung der Erstkommunionkinder in der sonntäglichen Eucharistiefeier	
	2. Elterntreffen	Wie Advent und Weihnachten feiern; Leitfaden-Elterntreffen S. 149–155	Weihnachten S. 166
	3. Kindertreffen	Unsere Tür zu Gott (Leitfaden-Kindertreffen: Baustein 12)	Baustein 12 – Unsere Tür zu Gott (S. 84–89)
WEIHNACHTEN		Mitwirkung bei der Krippenfeier oder bei der Sternsingeraktion	

			Familiengespräche zu Hause – Familienbuch
Prozessplanung Erstkommunionweg als Familienkatechese			
geeignet auch für große Seelsorgeräume und entsprechend kombinierbar für die zeitliche Planung von Familientagen oder Sonntagvormittagen			
Zeitrahmen			
Januar	3. Elterntreffen	Wandlung und Verwandlung unseres Lebens (Familienbuch: Baustein 16); Leitfaden-Elterntreffen S. 184–191	Baustein 16 – Wandlung und Verwandlung unseres Lebens
	4. Kindertreffen	Reich Gottes – Schatz für uns Menschen (Leitfaden-Kindertreffen: Baustein 11)	Baustein 11 – Reich Gottes – Schatz für uns Menschen
	5. Kindertreffen	Jesus lädt alle ein (Leifaden-Kindertreffen: Baustein 14)	Baustein 14 – Jesus lädt uns alle ein
	Familiengottesdienst	Katechetische Erklärung der Eucharistiefeier	
Februar	6. Kindertreffen	Tun, was Jesus getan hat (Leitfaden-Kindertreffen: Baustein 15)	Baustein 15 – Tun, was Jesus getan hat
			Baustein 13 – Essen und Trinken hält uns am Leben
	7. Kindertreffen	Wir streiten und versöhnen uns (Leifaden-Kindertreffen: Baustein 4/ Baustein 8)	Baustein 4 – Wir streiten und versöhnen uns
			Baustein 8 – Raus aus der Sackgasse
	4. Elterntreffen	Sakrament der Versöhnung – Beichte (Familienbuch S. 182–191); Leitfaden-Elterntreffen S. 167–175	Familienbuch S. 182–191
	Familiengottesdienst	Wandlung und Verwandlung	
	Beichte		
März/April	8. Kindertreffen	Wandlung und Verwandlung unseres Lebens (Leitfaden-Kindertreffen: Baustein 16)	Baustein 16 – Wandlung und Verwandlung unseres Lebens
	9. Kindertreffen	Gott loben und danken (Leitfaden-Kindertreffen: Baustein 17)	Baustein 17 – Gott loben und danken
	10. Kindertreffen	Ein Tag wie kein anderer (Leitfaden-Kindertreffen: Baustein 18)	Baustein 18 – Ein Tag wie kein anderer

Prozessplanung Erstkommunionweg als Familienkatechese			
geeignet auch für große Seelsorgeräume und entsprechend kombinierbar für die zeitliche Planung von Familientagen oder Sonntagvormittagen			
Zeitrahmen			Familiengespräche zu Hause – Familienbuch
	5. Elterntreffen	Vorbereitung der Erstkommunionfeier (Familienbuch Auswahl aus den Seiten 132–159); Leitfaden-Elterntreffen S. 176–183	Familienbuch S. 132–159
OSTERN	Palmsonntag / Karwoche / Ostern: situativ Kinder-/ Jugendkreuzweg/ Gründonnerstag, Karfreitag, Osternacht		Familienbuch S. 168–169
	ERSTKOMMU-NIONFEIER		
	11. Kindertreffen	Gemeinde – miteinander weitergehen (Leitfaden-Kindertreffen: Baustein 19); Vernetzung mit Gruppenleitern der kirchlichen Kinder- und Jugendarbeit	Baustein 19 – Gemeinde – miteinander weitergehen

Im Oktober und November werden die Eltern zu »Elterntreffen« eingeladen – in vielen Gemeinden machen 50–70 % mit. Bei den Elterntreffen werden die Glaubensfragen auf Erwachsenenebene bearbeitet, zum Beispiel:

▶ Meine ersten Berührungen mit Gott (eine Zeitreise zurück in die eigene Kindheit; diese finden Sie in Kapitel 2): Was ich in meiner eigenen religiösen Erziehung erlebt habe, was ich davon weitergeben möchte – was ich davon nicht weitergeben möchte.

▶ Wie religiöse Erziehung alltagstauglich wird.

▶ Wandlung und Verwandlung unseres Lebens. Wie erkläre ich mir selbst und meinem Kind »Wandlung« in der Eucharistiefeier? Dies ist möglich auf der Basis des Bausteins »Wandlung und Verwandlung unseres Lebens« im Familienbuch[34], Seite 114–117 (siehe folgende Abbildung).

Wandlung und Verwandlung unseres Lebens

Vielleicht habt ihr es schon so oder so ähnlich erlebt: Jemand anderer sagt zu euch ein liebes Wort, eure Mutter umarmt euch, ein Freund lacht euch zu oder euer Vater tröstet euch – und auf einmal ist die Welt verwandelt, seid ihr selbst wie verwandelt. Die Liebe, die Freude, die Nähe und Zärtlichkeit, die euch andere Menschen geschenkt haben, stecken euch an: Der Himmel ist nicht mehr so grau, der Schmerz nicht mehr so schlimm – das ganze Leben ist verwandelt durch die Liebe, die euch geschenkt wird.

* Erinnert ihr euch an Situationen, in denen sich durch das Wort oder das Verhalten eines anderen Menschen etwas geändert, gewandelt hat für euch?

* Wie drückt ihr in eurer Familie Zuneigung aus? Wie spürt ihr, dass die anderen euch lieb haben?

* Wie könnt ihr den anderen zeigen, dass ihr sie lieb habt?

104

BausТein

16

Liebe wirkt wie eine unsichtbare, aber spürbare Kraft. Liebe zeigt sich darin, dass ich nicht immer auf mich selbst und meinen eigenen Vorteil schaue, sondern auf den anderen und für ihn Gutes und Liebes will. Aus Liebe verändere ich mein Verhalten zugunsten des anderen: Liebe verwandelt mich. Ich werde ein anderer Mensch. Das Leben Jesu war geprägt und erfüllt von Liebe, eine Liebe, die sich verschenkt und auf andere übergeht. Die Menschen in Jesu Umgebung waren verwandelt. Sie spürten: Von Jesus geht eine gute Kraft aus. Er hat für die Menschen das gute Wort, die befreiende Botschaft von der Liebe Gottes. Nicht alle konnten seine Liebe annehmen, einige wollten ihn sogar töten. Und so ist es schließlich geschehen: Jesus wurde zum Tode verurteilt und gekreuzigt. Jesus ging durch den Tod wie alle Menschen; er aber verwandelte den Tod, gab ihm eine neue Bedeutung: der Tod als Tor zu Gottes neuer Welt. In der Eucharistie feiern wir die Hingabe Jesu. Er ist seinem Auftrag, den Menschen die Liebe Gottes zu bringen und zu zeigen, auch dann noch treu geblieben, als er verfolgt und getötet wurde.

Das letzte Abendmahl

Jesus setzte sich mit seinen Freunden zu Tisch. Dann nahm Jesus ein Brot, sprach darüber das Dankgebet, brach es in Stücke und gab es ihnen mit den Worten: „Das ist mein Leib, der für euch hingegeben wird. Feiert dieses Mahl immer wieder zu meinem Gedächtnis. Tut das immer wieder, damit unter euch gegenwärtig ist, was ich für euch getan habe." Ebenso nahm er nach dem Essen den Becher Wein und sagte: „Dieser Becher ist Gottes neuer Bund, der in Kraft gesetzt wird durch mein Blut, das für euch vergossen wird."

Nach Lukas 22,14-20

"Feiert dieses Mahl immer wieder zu meinem Gedächtnis. Tut das immer wieder, damit unter euch gegenwärtig ist, was ich für euch getan habe."

Nach Lukas 22,19

105

＊ Jesus hat alle Kinder gesegnet. Er nimmt auch dich in diesen
Segen mit hinein. Male dich zu den Kindern dazu.

Meine Seite

Jesus feierte mit seinen Jüngern ein Mahl, bevor er sterben musste. Dabei nimmt er Brot, etwas ganz Alltägliches, das wir Menschen zum Leben brauchen. Und er nimmt den Wein, den Menschen bei Festen und Feiern trinken. Jesus teilt Brot und Wein an seine Freunde aus. Er spricht ein Segensgebet über Brot und Wein. Dann fordert er sie auf, zu essen und zu trinken. Er sagt: „Das Brot ist mein Leib. Der Wein ist mein Blut." Das bedeutet: „Ich selbst werde für euch so wichtig wie Brot und Wein. Ihr lebt von meiner Liebe wie vom Brot. Ihr seid mit mir verbunden, wie die Reben verbunden sind mit dem Weinstock." Wenn wir sagen, dass sich in der Eucharistie-Feier Brot und Wein wandeln, dann ist da kein Zaubertrick dabei: Wein und Brot sind nach wie vor Wein und Brot – sie sehen so aus und schmecken so. Aber sie bekommen einen völlig neuen Sinn, weil der Priester mit der Gemeinde die Worte Jesu vom letzten Abendmahl spricht: „Das ist mein Leib, das ist mein Blut." Brot und Wein werden zu Jesus selbst. Sie erinnern uns an seine Liebe. Sie machen uns sein Leben, seinen Tod und seine Auferweckung gegenwärtig. Im Austeilen von Brot und Wein schenkt sich uns Jesus selbst, wir haben dadurch Anteil an seiner Lebenshingabe. So werden wir verwandelt zu Menschen, die in Gemeinschaft mit Jesus leben und zu ihm gehören.

Der Segen Jesu verwandelt uns und unser Leben. Die Kinder, die von Jesus auf diesem Bild gesegnet werden, stehen im Licht. Jesus hat eine wohltuende Ausstrahlung. Er verwandelt unsere Herzen und macht uns froh.

Worte verwandeln. Beziehung gewinnt Gestalt.

Im Brot teilen entsteht Wandlung.

In den Gaben von Brot und Wein ist Jesus unter uns.
Er verwandelt unser Leben durch seine Nähe. Wie Brot und Wein
in der Eucharistie-Feier eine neue Bedeutung erhalten und zu
Jesus Christus selbst werden, will er auch uns zu Menschen verwandeln,
die nach seiner Botschaft leben. Das gemeinsame Mahl in der Eucharistie-
Feier verbindet uns mit Jesus Christus und untereinander.

▶ Wie ich mir das Leben nach dem Tode vorstelle – und was ich mit Tod und Auferweckung Jesu Christi zu tun habe.

Bei jedem Elterntreffen werden die Themen nach dem Leseplan der nächsten vier Wochen im Familienbuch angeschaut; die Eltern werden daran erinnert und können eine kurze inhaltliche Einführung zu den Themen mitnehmen.

Die Kinder werden spätestens im Advent in einem Familiengottesdienst der Gemeinde vorgestellt und beginnen im neuen Kirchenjahr mit ihren Kommunionkindergruppen. In den folgenden Monaten gestalten Eltern und Kinder auf dem Weg zur Erstkommunion gemeinsam einmal im Monat eine sonntägliche Eucharistiefeier. Diese sonntäglichen Wegegottesdienste werden so gestaltet, dass Eltern und Kinder den Aufbau und den Vollzug der liturgischen Feier erschlossen bekommen und sich selbst erschließen können. Schritt für Schritt spricht sich das in der jeweiligen Gemeinde herum, und es kommen in der Regel sehr viele – selten alle.

Hintergrundinformation
Katechetische Materialien sind top-wichtig

Die katechetischen Materialien sind hochrelevant. Allerdings bemerken Angelika Treibel, Perke Fiedler und Reinhold Boschki dazu: »Kopierte Materialien sind von gestern – außerdem erinnern sie verdächtig an die Schule.«[35]

Ob es im Verlauf der Kommunionvorbereitung zu einem Zuwachs in der Religiosität der Kinder kommt – so Nobert Mette und Dieter Hermann –, hängt neben anderen Faktoren auch von den Materialien ab, die für die Arbeit mit den Kindern und den Eltern eingesetzt werden. Manche Materialien korrespondieren mit einer überdurchschnittlichen Steigerung der Religiosität, andere mit unterdurchschnittlichen Signifikanzen, bei anderen hingegen konnte keine Wirkung festgestellt werden.[36]

»Die Studie zeigt also, dass die Wahl von Materialien für die Kommunionkatechese mit der religiösen Sozialisation von Kindern im Zusammenhang

steht. Jede der Publikationen hat andere Schwerpunkte und Stärken ...
Die Publikationen von Biesinger u. a. wirken hingegen vor allem vertrau-
ensstärkend – sowohl bei Kindern als auch bei Eltern. Es ist das einzige
hier berücksichtigte Werk, das sowohl als Kinderbuch als auch in der Ver-
sion für Erwachsene mit der religiösen Sozialisation von Kindern in Zusammenhang steht. Andere wiederum nehmen Einfluss auch auf die Wer-
teaneignung. So viel kann durch die Studie als gesichert angegeben
werden: Je stärker die Familie in die Erstkommunionvorbereitung einbezogen wird, desto nachhaltiger wirkt sie sich auf die Religiosität der Kinder,
aber auch der Eltern aus. Ein weiterer Faktor für den ›Erfolg‹ der Erstkommunionkatechese ist, wie lebensnah sie an den heutigen kindlichen Le-
benswelten – und nicht nur denen der eh schon kirchlich sozialisierten
Kinder – orientiert ist und wie weit das seinen Niederschlag auch in den
Materialien findet.«

Dass eine katechetische Begleitung von Eltern und Kindern anhand des oben
beschriebenen Kommunikationsprozesses sich auf verschiedenen Ebenen
erfolgreich auswirkt, bestätigten bereits die Ergebnisse der am Lehrstuhl für
Religionspädagogik in Tübingen in Zusammenarbeit mit Sozialwissenschaft-
lern entwickelten und durchgeführten empirischen Studie (siehe folgende
Hintergrundinformation). Die Studie »Werte – Religion – Glaubenskommunikation. Eine Evaluationsstudie zur Erstkommunionkatechese« der Forschungsgruppe »Religion und Gesellschaft« von 2015 baute auf dieser Pilotstudie auf und kommt zu ähnlichen Ergebnissen.

Hintergrundinformation
**Ergebnisse einer Pilotstudie von A. Biesinger,
R. Gaus und H. Stroezel**

Die Studie[37] wurde 2006 in den Städten Ulm, Dresden / Freital, Kleinost-
heim und Berlin durchgeführt. Darin werden Fragen zur allgemeinen Religiosität, zur praktizierten Religiosität, zum Familienbuch, zum Ablauf der

»Erstkommunion als Familienkatechese«, zum Interesse und der Motivation der Teilnehmenden, zur Gesprächsführung zu Hause mit den Kindern, den Geschwistern und dem Ehepartner, zu Gottesvorstellungen, zur religiösen Kenntnis und zu soziodemografischen Merkmalen erhoben.

Gründe für Nichtteilnahme an den Elternabenden

Die Studie belegt, dass starkes Interesse an den Veranstaltungen der Erstkommunion unter den Eltern besteht. Das Fernbleiben hat vor allem terminliche (30 %) bzw. organisatorische Gründe (fehlende Kinderbetreuung: 23 %; Krankheit: 20 %) und nicht Desinteresse an religiösen Fragen oder Diskussionen (Thema uninteressant: 1 %; Begleiter didaktisch schlecht: 1 %; Desinteresse an religiösen Fragen: 1 %; Glaube ist Privatsache: 1 %).

Teilnehmerinnen und Teilnehmer an den Elternabenden

Vor allem die Mütter der Erstkommunionkinder nehmen an den Veranstaltungen teil (Mutter mit Kind: 43,6 %; Mutter mit Kind und Geschwistern: 10 %). Aber auch beide Elternteile mit Kind und dessen Geschwistern (20 %) oder ohne die Geschwister (19,8 %) werden häufig als Kombinationsmöglichkeiten genannt.

Elterngespräch mit dem Kind

Überwiegend die Mütter führen das Gespräch mit den Kindern (61,4 %), und damit findet die religiöse Erziehung in erster Linie über die Mutter statt. In mehr als einem Viertel (26 %) der Familien führen beide Elternteile gemeinsam das Gespräch mit dem Kind; in knapp zehn Prozent (9,9 %) beide abwechselnd.

Das Familienbuch als Grundlage für das Familiengespräch zu Hause wird insgesamt sehr positiv eingestuft. Dabei finden über 80 % der Befragten die Bausteine und Inhalte des Familienbuchs nachvollziehbar. Nur knapp zwölf Prozent der Befragten konnten mit den Bausteinen des Familienbuchs nichts anfangen bzw. konnten den inhaltlichen Aufbau nicht nachvollziehen. Die übrigen Werte zu 100 Prozent (5,9 %) sind fehlende Werte, bzw. es wurden hierzu keine Angaben gemacht.

Erwartungen und Befürchtungen

In erster Linie erwarteten die Eltern bei der Eingangsbefragung durch die Familienkatechese eine Unterstützung bei der religiösen Erziehung ihrer Kinder. Das Klima der Gruppe in der Familienkatechese wurde als sehr freundlich angegeben, die bearbeiteten Themen als gelungen, die Familienkatechese insgesamt als sehr lebendig und ihre Wirkungen auf das religiöse Familienleben als anregend eingestuft. Dass die Familienkatechese die Eltern bei der religiösen Erziehung ihrer Kinder überfordert, wurde nicht angenommen.

Veränderungen durch Erstkommunion als Familienkatechese

Das Interesse des Kindes an der Gruppenstunde, die Qualität der Gruppenleiterinnen und Gruppenleiter, die Bausteine für die Kommunionvorbereitungen, die Lebhaftigkeit und das Interesse des Kindes, die Gespräche anhand des Familienbuches und die religiöse Kommunikation innerhalb der Familie werden tendenziell sehr positiv beurteilt.

Weiterhin zeigt sich, dass die Kommunikation in über 73 % der Familien zugenommen hat. Am intensivsten wird mit den Kindern zu Hause über Gott, Glaube und Religion gesprochen. Die religiöse Erziehung findet durch das Erzählen religiöser Geschichten bzw. Geschichten über Gott/Jesus statt. Sehr häufig geben die befragten Eltern auch an, zu »beten, wenn Angst« oder Probleme im Alltag auftreten.

Erstaunlich ist auch folgender Wert: 49,5 % der befragten Eltern heben die Kommunikation mit dem Partner über Religion hervor.

Familienkatechese[38] – auf den Punkt gebracht

Hintergrundinformation
Wirkungen von familienorientierter Erstkommunionkatechese

Langfristige Effekte der Erstkommunionkatechese belegen, »dass sogar ein Jahr nach der Erstkommunion die Wirkungen der Teilnahme an der Erstkommunionkatechese auf die Religiosität der Kinder immer noch erkennbar sind .... Bemerkenswert ist, dass auch die religiöse Praxis durch die Kommunionkatechese eine Veränderung erfährt, beklagen doch viele Beteiligten, dass die Kirchengangshäufigkeit nach der Erstkommunion deutlich nachlasse. Die Antworten der Kinder in den qualitativen Interviews zu dieser Thematik lassen vermuten, dass zwischen Pflichtgefühl und Freizeitangebot ein Konflikt besteht, der oft zuungunsten kirchlicher Aktivitäten gelöst wird«[39]. Allerdings wirkt die Teilnahme an der Eucharistiekatechese »vor allem langfristig vertrauensbildend«[40].

»Die Ergebnisse zeigen, dass eine familienorientierte Ausrichtung der Kommunionkatechese die Zielvorgaben besser erreicht als eine Konzeption ohne Einbeziehung der Eltern. Dabei spielt die Wertevermittlung eine entscheidende Rolle.«[41]

Die Lebenssituation »unser Kind geht zur Erstkommunion« ist für viele Eltern eine Motivation, sich intensiver mit »Kommunion« auseinanderzusetzen. Es handelt sich um einen situationsorientierten Weg von Erweiterung und Vergewisserung des eigenen Erwachsenenglaubens, der sich durch das Prinzip »*learning by doing*« vollzieht.

Aus der Praxis
Nicht quantitativ immer mehr, sondern qualitativ anders katechetisch arbeiten

Empfehlenswert ist nach der Studie der Forschungsgruppe »Religion und Gesellschaft« der Zeitaufwand für die Erstkommunionkatechese im Umfang von 23 Zeitstunden[42]. In diesem Zeitrahmen lassen sich als Beispiel etwa 16 Stunden für die Kindergruppentreffen als auch ein monatliches Elterntreffen realisieren – oder in Familientagen kreativ zeitlich eben anders kombinieren.

Familientage, auch als Großveranstaltungen mit dem Bischof, bei denen Kinder und ihre Familien zum gemeinsamen Glaubensgespräch und zur Liturgie angeleitet werden – monatlich ein Elterntreffen an Abenden für den ganzen Seelsorgeraum, Familiengottesdienste an Sonntagen –, finden bei entsprechender Gestaltung große Resonanz. Die Zielgruppe sind über die Leiterinnen und Leiter der Kindergruppen hinaus alle Familien. Sie werden zur Gotteskommunikation, zum Familiengespräch zu Hause angeleitet. Grundlage dafür kann, wie oben besprochen, das Familienbuch sein.

Man kann also keineswegs behaupten, dass es auf die Anzahl der Stunden nicht ankomme; dies würde ja bedeuten, dass auch zwei oder drei Vorbereitungsstunden ausreichen könnten. Umgekehrt ist es nicht wichtig, den Zeitrahmen extrem auszudehnen.

Im Blick auf den Zeitrahmen ist die qualitative Gestaltung sehr wichtig: Besonders relevant ist die Qualität der Kommunikation und die Einbindung der Eltern in die Vorbereitung. Zu Recht weist Reinhold Boschki in seinem Beitrag »Zeit-Raum mit Gott«[43] auf die Bedeutung von Zeit für die Beziehung zu und mit Gott hin. Dies ist in der Eucharistiekatechese konkret und alltagstauglich zu thematisieren.

Die Familie wird zum spirituellen Ort der Gottesberührung. Familienkatechese richtet sich an grundsätzlich *alle* Eltern der Erstkommunionkinder – ohne Ansehen der Person von Arm oder Reich, von Nähe oder Distanz zur Gemeinde, Kirchgängerin oder Nichtkirchgänger, alleinerziehend oder Vollfamilie. Familienkatechese sortiert die Eltern nicht vor. Da grundlegend alle dazugehören, wird es anspruchsvoller, weil es die »Kerngemeinde« dann nicht nur mit ihresgleichen zu tun hat, sondern sich mit den oft überraschenden Fragestellungen und komplizierten Lebenssituationen aller Menschen auseinandersetzen muss, die sie sonst leicht verdrängen könnte. Und: Es müssen nicht alle Eltern »mitmachen«. Aber die Einladung muss an alle Eltern gehen und die Gemeinde sich bemühen, die Eltern differenziert zu unterstützen und zu motivieren. Familienkatechese bezieht sich nicht einfach auf Volkskirche, vielmehr geht es um eine »Kirche des Volkes«.

Familienkatechese schafft eine familienfreundliche Atmosphäre in der Gemeinde, stiftet zu gelingender Kommunikation untereinander und zu Gottesdiensten an, in die Familien mit Kindern sich hinzugehen getrauen – ohne dass die Kinder gleich sagen: »ist ja soo langweilig«. Der Prozess der Familienkatechese über Monate hinweg auf die Erstkommunion hin wird verstanden als für manche erneute, für andere vertiefende Gottesberührung innerhalb der Gemeinde, die auch zu veränderten Handlungsvollzügen im sonntäglichen Gottesdienst führen muss und kann. Viele Eltern formulieren am Ende des Erstkommunionweges, dass sie nun aber auch von der Gemeinde erwarten, dass die Gottesdienste familienfreundlicher gefeiert werden, damit sie mit ihren Kindern kommen können.

Gottesberührung in der Familie macht Eltern anspruchsvoller in ihren Fragen nach Gott und auch sensibler im Blick auf die eigene Glaubenspraxis. Viele Eltern wollen als Erwachsene in den mittleren Lebensjahren ihre eigene Gottesbeziehung verstehen und kommen dabei auf Themen und Fragestellungen, auf die manche in den Gemeinden nicht vorbereitet sind.

So provoziert Familienkatechese auch uns, die pastoralen Mitarbeiterinnen und Mitarbeiter, sich intensiver mit den Glaubensfragen nicht nur einer kleinen Minderheit, sondern aller Getauften und Gefirmten auf vertieftem und aktuellem Niveau zu beschäftigen.

Die Hauptamtlichen einer Gemeinde werden im Prozess der Familienkatechese als Begleiter und Begleiterinnen gebraucht, etwa wenn die Eltern ihre Kommunionliturgie selbst erarbeiten und gestalten. Die eigentliche Herausforderung ist es, Eltern sensibel zu begleiten, gerade auch wenn sie anspruchsvolle Fragen stellen: »Wie soll ich denn meinem Kind erklären, was der ›Leib Christi‹ ist?«

Die deutschen Bischöfe vermeiden leider den Begriff »Familienkatechese«, formulieren aber das Anliegen der Elternkatechese: »Die Stärkung der Familie als primärer Lernort des Glaubens ist auch Aufgabe der Elternkatechese: Es geht darum, Eltern den Blick für die katechetische Dimension ihrer Elternrolle zu öffnen. Diese ist in der Art und Weise gegeben, wie sie ihre Beziehung leben, wie sie ihren Kindern Annahme vermitteln, Lebensräume eröffnen und ›Familienkultur‹ gestalten. Dass sich viele Eltern nur sehr begrenzt dieser Aufgabe öffnen, darf nicht daran hindern, die Eltern, die ihre katechetische Rolle übernehmen können und wollen, dazu zu ermutigen und darin zu fördern.

Insbesondere im Blick auf viele Eltern, die nicht kirchlich sozialisiert sind, aber dennoch für eine religiöse Erziehung ansprechbar sind, ist es erforderlich, verstärkt Ansätze für die Elternkatechese zu erschließen.«[44]

Hintergrundinformation
Perspektiven für eine innovative und erfolgreiche Erstkommunionkatechese

Angelika Treibel, Perke Fiedler und Reinhold Boschki fordern, auf Alltags- und Lebensweltnähe, auf Inklusion zu achten und die Gleichaltrigen ernsthaft einzubeziehen – die Bedeutung der »Peers« sehr ernst zu nehmen.[45] Sie stellten fest, dass Mädchen die Erstkommunionkatechese insgesamt positiver als Jungen bewerten. Vor allem die »Aspekte der Erstkommunionkatechese, die sich auf Werteerziehung und affektive Aspekte beziehen, erreichen Mädchen besser als Jungen«[46]. Dringend zu überprüfen ist daher, ob die Konzepte der Erstkommunionkatechese »eher auf Mädchen abgestimmt sind und von daher einer kritischen Durchsicht bedürfen«[47]. Weiter plädieren sie, »eine differenzierte Katechese, eine differenzierte Familienorientierung sowie die Familienkommunikation zu fördern«[48]. Die

Einbeziehung und Information der Eltern »ist geradezu ein entscheidender Faktor, der die Vorbereitung und Durchführung der Erstkommunion prägt und eminente Wirkung auf den Erfolg der Katechese hat«[49].

Außerdem fordern sie eine bessere Ausbildung der Katechetinnen und Katecheten sowie auf die Materialien zu achten.[50]

Sie verweisen auf ein »geringes Maß an Professionalisierung. Weder liegt ein Rahmencurriculum vor, noch ist die Ausbildung der Katechetinnen und Katecheten obligatorisch. Elemente wie Qualitätsmanagement und professionelle Evaluation scheinen unbekannt zu sein. Heißt das, dass die Erstkommunion von Seiten der Diözesen oder der Bischofskonferenz als nicht so wichtig angesehen wird – etwa im Vergleich zum schulischen Religionsunterricht? Unsere Untersuchungsergebnisse deuten in diese Richtung. Deshalb ist eine wesentliche Konsequenz der Studie die Forderung nach deutlicher Professionalisierung der Erstkommunionkatechese, insbesondere im Sinne einer besseren Unterstützung der Katechetinnen und Katecheten«.[51]

Mit dem Kommunionweg beginnt der Firmweg

Und wie geht es nach der Erstkommunion weiter? Die Distanz vieler Familien nach dem Erstkommuniontag zeigt, dass die Zugehörigkeit zur eucharistischen Gemeinschaft kommunikativ nicht nachhaltig genug erfahren wird. Eine Alternative ist das folgende Praxisprojekt:

Aus der Praxis
»Der neue Weg«

Ein konkretes Beispiel aus der Gemeinde Balingen, die mit einem engagierten Team folgende Konzeption realisiert hat: Die Kinder treffen sich bereits nach der Erstkommunion zu konkreten Projekten und Gottesdiensten auf dem Weg zur Firmung. In jedem der darauffolgenden Jahre gibt es entwicklungsgemäß gestufte Initiationsschnittpunkte (Wochenenden, Gruppenstunden, gemeinsam vorbereitete Gottesdienste u. a.). Es beteiligen sich Schritt für Schritt mehr und diejenigen, die diesen Weg der Initiation auf die Firmung hin mitgemacht haben, sind dann bei der weiteren Vorbereitung kurz vor der Firmung in einem entschleunigten und entstressten Konzept unterwegs. Die sich nicht beteiligt haben, werden auf die Firmung wie bisher in einem mehrmonatigen Intensivkurs vorbereitet.

Wer seiner Gruppe bereits am Anfang zu verstehen gibt: Ich bin deine Gruppenleiterin bis zum Erstkommuniontag, danach ist Schluss, gründet soziologisch Gruppen auf Abbruch.

Folgende Erfahrungen, Anlässe für Gottesberührungen über den Erstkommuniontag hinaus zu schaffen, sollten weiter entwickelt werden:

– Kommunionkindergruppen möglichst langfristig anlegen. Von Vorteil ist es, wenn die Gruppen von Anfang an gemeinsam von Eltern und Jugendlichen geleitet werden.

– Nach der Kommunion kann man weiterhin Gruppenstunden anbieten. Dabei bietet es sich an, jeweils zwei ehemalige Gruppen zusammenzulegen. Die neue Gruppe hat dann als Leitende Eltern sowie einen jugendlichen Gruppenleiter bzw. eine jugendliche Gruppenleiterin. Er oder sie kann mehr und mehr die Gruppe selbstständig übernehmen und leiten, während sich die Eltern langsam zurückziehen.

Damit hat die Gruppe über den Kommuniontag hinaus mit dem jugendlichen Gruppenleiter bereits eine gemeinsame Geschichte hinter sich. Dies führt dazu, dass die Erstkommuniongruppe nach dem Erstkommuniontag nicht auseinanderfällt, sondern weiterbesteht und sich für viele Kinder neue Möglichkeiten öffnen – Ministrantendienst und Jugendarbeit verschiedenster Formen.

Der Erstkommunionweg für Kinder wird dann zu einer Erschließung von Begegnungsräumen bis hinein ins Jugendalter.

10. Liturgie als Gottesberührung

Gottesdienst – wer dient eigentlich wem? Gott dient zunächst einmal uns und erst dann können wir *Ihm* dienen. In der Eucharistiefeier entsteht Gottesnähe und Gottesberührung für ausnahmslos alle Menschen.

Umso dringender ist die Frage nach der Qualität *der Gottesdienstgestaltung* zu stellen.

Was der Papst zu Gottesdiensten mit Kindern schon längst gesagt hat

Das Direktorium für Kindermessen hat bereits 1973 kreative Liturgiegestaltung für Kindergottesdienste gefordert[52]:

»Für die kirchliche Unterweisung der Kinder liegt eine besondere Schwierigkeit darin, dass die gottesdienstlichen Feiern – vor allem auch der Eucharistie – die ihnen innewohnende pädagogische Wirksamkeit für die Kinder nicht voll entfalten können. [… Es] sind doch die Worte und Zeichen der Fassungskraft der Kinder nicht genügend angepasst. [… Es] wäre eine Beeinträchtigung ihrer religiösen Entwicklung zu befürchten, wenn den Kindern Jahre hindurch im Gottesdienst immer nur Unverständliches begegnete. Die moderne Psychologie hat aufgewiesen, wie nachhaltig sich die religiösen Erfahrungen des Kleinkindes und der frühen Kindheit auf Grund der religiösen Offenheit dieser Phasen auswirken.« (Nr. 2)

Leider wurde und wird dies in vielen Gemeinden nicht umgesetzt.

Auf dem Weg zur Erstkommunion realisieren manche Gemeinden sogenannte Wegegottesdienste. Wenn diese als sonntägliche Eucharistiefeiern verstanden werden, in denen im Wortgottesdienst katechetisch Grundelemente von der Eucharistie erschlossen werden, spricht alles dafür. Wenn aber diese Wegegottesdienste am Werktag angesetzt sind, »weil die Leute am Sonntag ja keine Zeit mehr haben, um zum Gottesdienst zu kommen«, kann dies auch zur Selbstzerstörung der Sonntagseucharistie führen.

Wer Familienliturgie als Entertainment oder Talkshow abqualifiziert, meint zunächst einmal die Argumente auf seiner Seite zu haben. Damit kann man jegliche Erneuerung abblocken. Viele Menschen sind nicht liturgieunfähiger geworden, vielmehr sehen sie keine Notwendigkeit, den Gottesdienst mitzufeiern, unter dem Vorbehalt »Was bringt's mir?« Andere stellen höhere Ansprüche an die Qualität der Liturgie und vor allem auch der Predigt.

Wie kann es konkret gehen?

Wenn die Sonntagsliturgie generell so gefeiert würde, dass junge Eltern mit ihren Kindern etwas verstehen, dann verstehen auch die anderen Erwachsenen; meistens ist es so, dass auch die Großeltern sich freuen, wenn die Enkelkinder mit ihnen über das, was sie im Gottesdienst erlebt haben, sprechen können.

Mein Plädoyer für integrative Liturgiegestaltung bezieht sich nicht nur auf punktuelle »Familiengottesdienste«, die in manchen Gemeinden in mehr oder weniger unregelmäßigem Abstand mit (zum Teil) großem Aufwand gestaltet werden. An jedem Sonntag kann man eine Eucharistie feiern, die Kinder, junge Eltern, Großeltern und Singles berührt. Dabei kommt in kurzen, verstehbaren Sätzen das zum Ausdruck, was wir heute feiern. Die verbalisierten Deutungen werden unterstützt durch Ehrfurchtsgesten, Symbole, durch geführtes Schweigen und Besinnung.

Aus der Praxis
Liturgie – verstehbar – konkret – mystagogisch

Nach der Eröffnung mit dem Kreuzzeichen beginnen wir mit *dem Bußakt.* Sowohl das, was schief-, aber auch all das, was gut gelaufen ist, was uns an Solidarität, Einfühlsamkeit, an Friedenstiften, an Nachdenklichkeit gelungen ist, bringen wir mit; wir öffnen uns auf Gott hin, der alles das heil macht und in ein Ganzes bringt. Die Lebenssituationen, die wir ansprechen, müssen genauso aus dem Alltag der Kinder und Eltern stammen wie aus dem Alltag von Singles und älteren Menschen.

Das Tagesgebet darf sich nicht auf abgehobene Floskeln und rituelle Sprachspiele reduzieren. Es soll auf die Texte aus dem Alten und Neuen Testament, die anschließend vorgetragen werden, bezogen sein, mehr

Lobpreis als Bitte beinhalten und auch den Bezug zum heutigen Leben herstellen.

Die Lesung und *das Evangelium* sind durch entsprechende Gesten hervorzuheben. Kinder können gemeinsam mit Erwachsenen das Evangelienbuch, das in der Mitte des Gottesdienstraumes aufgelegt ist, in Prozession nach vorn tragen. Die Kinder können um den Ambo stehend Lesung und Evangelium hören. Eine Alternative dazu ist die Evangelienprozession durch die Kirche, die die Aufmerksamkeit der Gottesdienstgemeinde auf das uns jetzt zugesagte Wort Gottes lenkt.

Die Auslegung des Wortes Gottes in der Predigt darf sich selbstverständlich nicht auf ein »kindisches« Niveau begeben. Kinder sind schließlich intelligente Wesen und wollen »groß werden«. Allerdings erbringt andererseits eine Predigt, die von theologischen Wahrheiten strotzt, nicht von vornherein mehr Niveau und mehr Verstehensmöglichkeiten als ein Predigtgespräch mit den Kindern anhand eines konkreten Symbols – ein Senfkorn in der Hand, eine Scherbe, die Transformation einer biblischen Geschichte in einem Rollenspiel.

Die Fürbitten, von Erwachsenen formuliert, aber durch Kinder vorgetragen, sind meistens nicht stimmig. Wenn Kinder Fürbitten vortragen, dann sollen sie diese auch formulieren dürfen. Die Fürbitten Erwachsener sind sinnvollerweise auch von Erwachsenen vorzutragen. Schließlich soll es nicht ein Kindergottesdienst, sondern eine Sonntagsliturgie für alle sein, die gleichzeitig auch eine Familienliturgie ist, somit müssten aber auch die Erwachsenen in diesem Gottesdienst so angesprochen werden, dass es für sie stimmig ist.

Die Gabenbereitung: Es ist nicht nur so, dass wir Brot und Wein auf den Altar bringen, sondern unser ganzes Leben in der vergangenen Woche, mit allem, was wir gearbeitet, wo wir gelacht und gelitten haben. Die Gabenbereitung ist die Hin-Gabe unseres Lebens hinein in die Beziehung mit Jesus Christus. Eine gemeinsame Gabenbereitung durch Eltern und Kinder wäre ein entsprechender Ausdruck, der als liturgisches Element an jedem Sonntag möglich ist. Kinder können den Altartisch mit einer Tischdecke, mit Blumen und mit Kerzen decken, damit klar wird: Jesus lädt uns an seinen Tisch, den wir gemeinsam mit ihm bereiten.

Zum eucharistischen Hochgebet werden die Kinder eingeladen, um den Altar herum ganz nahe dabei zu sein, mit großen Augen und Ohren das Geheimnis unseres Glaubens wahrzunehmen. Wichtig ist dabei, konsequent nach dem dreifachen »Heilig« eine Phase des Schweigens zu gestalten. Schweigen öffnet die Sinne und fährt Antennen aus für die Wahrnehmung des Geheimnisses. Lieber einige Sätze an anderen Stellen weniger sprechen oder ein Lied weniger singen und eine Minute des Schweigens einfügen, bevor wir das eucharistische Hochgebet beten. Manche Hochgebete sind dialogisch aufgebaut, und die Gemeinde kann antworten, lobpreisen, bitten und danken.

Das Vaterunser: Es ist für mich seit vielen Jahren eine besonders eindrucksvolle Geste, wenn sich beim Vaterunser alle, nicht nur der liturgische Dienst, sondern auch die in den Bänken Stehenden, die Hände reichen als Zeichen dafür, dass sie geliebte Söhne und Töchter des einen Vaters sind. Unter liturgiewissenschaftlichen Aspekten mag dies umstritten sein; manche plädieren für die Orantenhaltung, das heißt, wir strecken unsere Arme geöffnet nach oben dem Vater entgegen. Streit ist hier überflüssig: Das eine betont etwas anderes als das andere, und eine Gemeinde kann in diesen Gesten zum Vaterunser abwechseln. Aber dass wir das Vaterunser ohne Körpergeste beten müssen, steht nirgends geschrieben und ist eher ein Problem unserer eigenen Mentalität, als dass dahinter eine liturgische Vorschrift oder eine große Tradition stehen würde.

Der Friedensgruß: Wer versöhnt leben kann, ist ein glücklicher Mensch. Versöhnt leben ist anspruchsvoll, ich muss mich dann mit mir selber versöhnen, mich mit anderen versöhnen, mich von Gott versöhnen lassen. Es ist eine der ganz großen Gesten in der Eucharistiefeier, dass Jesus Christus uns seinen Frieden gibt, der es uns ermöglicht, mit uns selbst und untereinander Frieden zu realisieren. Falls die Kinder noch um den Altar stehen, können sie sich im großen Kreis die Hände geben und somit miteinander verbunden beim Friedensgruß die Hände drücken. Dies stiftet Gemeinschaft und Versöhnung.

Die Austeilung der eucharistischen Gaben müsste intensiver angekündigt werden. Es geht um Tischgemeinschaft, die Kinder könnten um den Altar stehen und als Erste die eucharistischen Gaben empfangen. Die mit nach vorn kommenden kleineren Kinder, die noch keine Erstkommunion gefeiert haben, müssen das Gefühl haben, dass sie willkommen sind, wenn wir ihnen ein Kreuzeichen auf die Stirn machen und ihnen sagen: »Gott segne dich«. Es ist die eine wichtige Form, eine Beziehung mit Jesus Christus und seinem himmlischen Vater zu stiften.

Nach der Kommunion erfolgt eine kurze Schweigeminute. Das Schlussgebet kann die Gottesdienstgemeinde in die nächste Woche führen, ihr Mut und Hoffnung zusprechen, vom eucharistischen Herrn begleitet und gestärkt in die kommende Woche zu gehen.

Die Sendung ist als Stärkung und Kraft zu verstehen, im Energiefeld mit dem eucharistischen Herrn den Alltag auf seinen Frieden hin zu öffnen und sich von ihm öffnen zu lassen. Sie ist Auftrag, die Welt zu gestalten und nicht nur in der Eucharistie, sondern im Alltag mit Gott zu leben, ihn zu erkennen im Lachen, aber auch sich der Leidenden anzunehmen.

Eine konkrete Möglichkeit: Viele Gruppen, etwa Kindergärten und Kitas, Familienkreise, Erstkommuniongruppen, Eltern und Kinder in Jugendgruppen, Ökogruppen, Sportvereinen, Jugendfeuerwehr, Dritte-Welt-Gruppen usw., bereiten Gottesdienste mit ihren Themen vor und gestalten sie aktiv mit. Die Sonntagsliturgie wird verstehbarer und alltagsrelevanter und spricht verschiedene Personengruppen konkreter an. Auch wenn die Teilnehmenden nicht zu jedem Sonntagsgottesdienst kommen, so verlieren sie auf diesem Weg doch nicht den Anschluss zum »Energiefeld Eucharistie«.

11. Katechese – Gottesberührung für alle

Gottesberührung beginnt an der Wurzel – wir brauchen eine Graswurzelkatechese

Unsere Wurzel ist Gott, der Schöpfer der Welt. Ob und wie wir diese Berührung mit unserem Schöpfer spüren, kann biografisch verschieden verlaufen. Wie auch immer die Ausgangslage für Kinder, Jugendliche, Erwachsene, spezifisch von Eltern oder Großeltern sein mag: Die Wege Gottes sind tatsächlich überraschend. Manche Wegkreuzungen führen dazu, dass Menschen auf ihrem bisherigen Weg umkehren, aufbrechen, sich neu ausrichten. Es ist ja bisweilen geheimnisvoll, wie Menschen so grundlegend verschieden auf Katechese, auf Zuspruch und Anspruch der Gottesberührung reagieren.

Ich war überrascht, dass mir ein junges Ehepaar, das sich in der Gemeinde plötzlich engagierte, sagte: »Wir waren von der Katechese und von der Taufe unseres Kindes so berührt, dass wir mit unserem Kind bewusst jetzt mit Gott in der Mitte gehen wollen.«

Es geht eben auch um die Frage der Qualität.

Graswurzelkatechese meint noch etwas ganz anderes. Menschen können sich biografisch im Auf und Ab des Lebens, im Glück ebenso wie im Leid, immer wieder neu einwurzeln in den tragenden Boden der Gottesberührung. Sie können Wurzeln schlagen im Nährboden Gottes, der ihnen als Schöpfer neues Leben anvertraut. Es ist ein völlig anderes Lebensgefühl, mit einem Kind unterwegs zu sein – die Nächte werden unruhig, das Kind hat seinen eigenen Rhythmus und bricht damit in den Lebensrhythmus seiner Eltern ganz unvermittelt ein. Viele junge Eltern machen sich Gedanken, wie sie ihr Kind möglichst gut begleiten und erziehen können. Manchmal verdrängen die Alltagssorgen das Elternglück. Und dennoch ist es eine besondere Gabe und Aufgabe, die Gott als der Schöpfer der Welt uns Menschen anvertraut.[53] Natürlich sind es ein Mann und eine Frau, die biologisch ein Kind zeugen. Aber hinter jedem Kind steht ein noch viel größeres Geheimnis als die biologische Zeugung. Insofern ist es mehr als richtig, diese Ur-Situation der Ausweitung der partnerschaftlichen Liebe auf ein Kind als Wurzel für die weitere Entwicklung – auch Glaubensentwicklung – zu verstehen. In ihrem

Kind verwurzeln Eltern eine Verheißung für die Menschheit. Auf Hunderte von Jahren ist in der jetzigen konkreten Situation der Eltern mit dem kleinen Kind noch überhaupt nicht vorstellbar, wie viele Kinder aus diesem Kind möglicherweise entstehen werden, welche Schicksale entstehen und welche Einflüsse die Kinder und Kindeskinder dieses Kindes auf die Menschheitsentwicklung haben werden. Umso wichtiger ist die Frage, mit welchen Verheißungen dieses Kind in die Zukunft gehen wird und wie sein Weg mit Gott später in der Kommunikation mit anderen Menschen – möglicherweise in einer eigenen Familie wieder mit Kindern usw. – aussehen wird.

Es geht bei diesem Bild von »Graswurzeln« nicht um ideologieaufgeladene Graswurzelbewegungen, sondern um die leicht nachvollziehbare Erfahrung, dass wir Menschen Wurzeln brauchen und auch unsere eigene Gottesbeziehung Wurzeln braucht. Gerade auch in schwierigen Glaubens- und Zweifel-Situationen ist es wichtig, neue Wurzeln in den Boden hinein wachsen zu lassen, damit wir nicht so leicht weggeschwemmt werden. Dies gilt nicht nur in Familien, sondern auch für die Gotteskommunikation vieler Menschen, die ohne Familie unterwegs sind.

Graswurzel-Katechese meint, Menschen so zu begleiten, dass sie selbst in der Gottesberührung Wurzeln schlagen können.

Störungen haben Vorrang – Störungen nehmen sich Vorrang

Katechese darf nicht bieder daherkommen. Es geht um viel im Auf und Ab des konkreten Lebens. Es geht um Zweifel, aber auch um Grundvertrauen und Orientierung.

Eltern geben ihren Kindern Grundvertrauen und Orientierung, um sie stark fürs Leben zu machen[54], und so kann auch die Gemeinde den Familien Grundvertrauen und Orientierung geben, wenn sie die Menschen in ihren Lebenssituationen würdigt und auch ihre »Störungen«, die sie im Blick auf Gott und Kirche haben, ernst nimmt.

Es geht um die Qualität des menschlichen Lebens im Horizont der Gottesbeziehung. Es geht um *dignificacion* – Gott gibt unserem Leben Würde. Ein Gedanke, den ich dem Befreiungstheologen Gustavo Gutiérrez verdanke.

Diejenigen, die sich in den üblichen Alltagsproblemen so einnisten, dass sie nicht über den Tag hinaus denken können und sich nicht auch einmal eine Unterbrechung des Üblichen gönnen, mit denen ist Katechese auch für mich eine spezielle Herausforderung. Und dennoch: Gerade mit diesen Menschen in Gottesberührung zu gehen, ist ja vornehme Aufgabe kirchlichen Handelns. Im Sinne von Zeugnis-Geben für die großen Verheißungen Gottes, im Sinne von Dienst an denen, die leiden und nicht mehr weiterkommen. Und im Sinne des Dienstes der Liturgie, mit der sie das Geheimnis Gottes spüren und gemeinsam feiern können. Im Gottesdienst dient Gott uns Menschen, bevor wir ihm überhaupt dienen können.

Ich verstehe Katechese immer als Dienst an Menschen. Nicht aufdringlich, aber fröhlich und entschieden: Auch für andere Menschen geht es ebenso wie für mich um Gott oder nicht Gott.

Man muss ja sein Kind nicht taufen lassen, aber wenn man es taufen lässt, öffnet sich für das Kind der Himmel.

Ein Kind muss nicht zur Erstkommunion gehen, aber wenn es zur Erstkommunion geht und damit ein Leben lang mit dem Heiland der Welt kommuniziert, öffnet sich für dieses Kind eine lebenslange Berührung mit Gott – die Solidarität Gottes im Auf und Ab des Lebens.

»Störungen haben Vorrang« ist nicht oberflächlich gemeint

Die Begründerin des lebendigen Lernens nach der Themenzentrierten Interaktion (TZI) Ruth C. Cohn hat die Regel »Störungen haben Vorrang« in Kommunikationskursen immer wieder deutlich gemacht und auch konkret angewandt. Störungen sind da nicht oberflächliche Situationen, wie zum Beispiel dass Kinder dazwischenreden oder Kaugummi kauen. »Störung« ist tiefgründiger zu verstehen, sie ist Grund dafür, dass ich an einem Kommunikationsprozess innerlich nicht teilhaben kann, nichts damit anfangen kann, mich deswegen innerlich abmelde, distanziere, wenn ich diese Störung eben nicht bearbeite.

Das folgende Beispiel kann dies verdeutlichen:
Im festlichen Gottesdienst am Kommuniontag ist die Kirche richtig voll mit den Familien und ihren Gästen. Es sind viele Menschen, die sich während des

Gottesdienstes mit ihrem Smartphone beschäftigen, gelangweilt und desinteressiert herumstehen oder sitzen. Sie wollen offensichtlich mit dem Ganzen eigentlich gar nichts zu tun haben. Man könnte fragen: »Warum seid ihr überhaupt in der Kirche mit dabei, wenn ihr eh nichts damit am Hut habt?« Die umgekehrte Argumentation: »Weiß ich denn, was in den Menschen, die möglicherweise nach vielen Jahren zum ersten Mal wieder in einem Gottesdienst sind, der in der Regel ja besonders eindrucksvoll gestaltet wird, emotional und kognitiv geschieht – was also gefühlsmäßig und gedanklich in ihnen vorgeht?«

Ein praxiserprobtes Beispiel in der Erstkommunionkatechese für eine solche Störungsbearbeitung ist die Frage an Eltern: Was möchte ich von meinen persönlichen religiösen Erfahrungen an meine Kinder weitergeben und was nicht?

In der Katechese zu den Initiationssakramenten Taufe, Eucharistie und Firmung wird immer wieder diskutiert, ob die Menschen es ernst meinen. Eltern indirekt abzuwerten, indem man ihnen vorhält: »Die wollen ja nur einen Segen, sie wollen ja gar kein Sakrament!« oder ihnen vorwirft, dass die Taufe nur ein Ritual für sie ist, weil die Verwandtschaft dies will, wirkt oberlehrerhaft und spirituell abwertend. Meine Erfahrungen der letzten Jahre sind ganz anders. Ich bin mit vielen, vielen Eltern unterwegs, die sehr berührt sind und sich intensiv der neuen Situation stellen und für ihr Kind »den Segen Gottes« wollen. Viele Eltern wollen ihre Dankbarkeit für ihr Kind ausdrücken. Segen erbitten sie oft auch als Schutz gegen so vielerlei Bedrohung. In welcher Art und Weise die Rituale der Taufe – eindrucksvoll oder nicht eindrucksvoll – gefeiert werden, gibt diesem Segen seine spezielle Bedeutung.

Für viele Menschen ist der Begriff und die Vorstellung von Segen so umfassend, dass sich dieser Segen auch in den sakramentalen Ritualen ausdrückt und eine besondere intensive Berührung ermöglicht. Immer mehr Eltern lassen tendenziell nicht mehr aus Gewohnheit oder weil »die Oma es will« ihre Säuglinge und Kinder taufen, sondern weil ganz persönlich sie es ernst meinen mit dem Segen, den sie für ihr Kind wollen.

Taufkatechese will zur Erweiterung dieser Ausgangslage beitragen.

Ähnliche Diskussionen begegnen mir auf dem Weg zur Erstkommunion. Viele Eltern sind überrascht, dass ihr Kind zur Erstkommunion gehen möchte. Für manche ist der Titel des WDR Fernsehfilmes »Hilfe, mein Kind ist fromm« (Häcke, 1998; erhältlich in der Ausleihe von Medienstellen) tatsächlich eine Herausforderung. Diesen Eltern aber vorzuwerfen, dass sie nicht o.k. sind, dass sie es nicht gut meinen mit ihrem Kind und es sich eigentlich gar nicht lohnt, sich für sie einzusetzen und sich mit ihnen auf den Weg zu machen, ist für mich spirituell ein No-Go. Jesus hat sich schließlich an alle gewandt, gerade auch an die, die religiös nicht anerkannt und akzeptiert waren, die sich nicht an die üblichen religiösen Vorschriften halten konnten oder wollten. Für sie ist das Reich Gottes genauso angebrochen wie für die Frommen.

Wenn man Sätze hört wie:

»Die Eltern kommen vor der Erstkommunion nicht in die Kirche, sie kommen nach der Erstkommunion nicht in die Kirche, warum soll ich mich dann für sie überhaupt noch einsetzen«, oder:

»Ich mache Erstkommunion als Kurzmodell, Erstkommunion einfach«, dann muss man sich über die schwindende Zahl der Glaubenden nicht wundern.

Aus der Praxis
Die Wegstrecken können verschieden sein

Gerade Menschen, die zögernd, zunächst distanziert und ablehnend kommen, signalisiere ich, dass ich sie wertschätze. Auch oder gerade sie brauchen besonders das Gefühl, willkommen zu sein. Ich kann mit ausgestreckter Hand auf sie zugehen und ihnen ermöglichen, auf ihre Weise in der Vorbereitung und Feier dieses Festes (wieder) in eine Gottesberührung zu kommen.

Und wenn dies nicht gelingt, dann habe ich dies auch zu akzeptieren und nicht abzuwerten. Im Bild gesprochen: Wenn Kommunionkinder und ihre Eltern auf einer Wegstrecke von 100 Metern die ihnen möglichen 20 Meter mitgehen, ist es besser, als wenn sie gar keinen Meter mitgehen (können), weil man sie ja von vornherein gar nicht dabeihaben will und ausgrenzt. Für andere Familien ist es möglich, 80 Meter von 100 Metern mitzugehen. Sie haben dann die ihnen gegebenen Möglichkeiten angenommen und das daraus gemacht, was sie eben gerade können.

Was bringt mir Gott? – Gottesberührung als Dienst an Menschen

Das mit den Störungen geht noch tiefer und wirft weitere Fragen auf: Es könnte ja möglicherweise an unserer Qualität der Kommunikation liegen, dass Jesu Goldstücke als »Schatz im Acker« bei den Menschen gar nicht als solche wahrnehmbar sind. Viele hinterfragen das Christentum deswegen kritisch, weil es ihnen im Alltag nicht hilfreich erscheint, »es ihnen nichts gibt«. Vielen reicht es und ist es wichtig, »ein guter Mensch« zu sein – und dies könne man auch ohne Christentum, ohne Kirche und ohne Gott.

Dass es möglich ist, sich ethisch richtig und motiviert zu verhalten, ohne an Gott zu glauben, ist für mich selbstverständlich. Wenn ich mich als Christ im Horizont der Gottesbeziehung ethisch im Sinne von Gottesliebe und Nächstenliebe, im Sinne der Herausforderungen der Bibel verhalte, dann öffnet sich für mich spirituell der weite Horizont der Durchlässigkeit meines Handelns, meiner ganzen Existenz zur göttlichen Welt, zu einer Verheißung von Leben, das nicht untergeht, wenn es eines Tages mein materieller, biologischer Körper nicht mehr tut und sich auflöst.

»Ich bin mehr als mein Körper.« Das ist letztlich einer der ganz zentralen Unterschiede, die in der Katechese deutlicher formuliert werden müssten: Es geht um Leben, aber um ein Leben, das sich bewusst ist über die eigene Herkunft aus Gott, ein Leben, das sich bewusst ist über die Zukunft seiner Zukunft über den Tod hinaus in Gott, und es geht um ein Leben, das sich im Alltag als von Gottes Liebesenergie umhüllt realisieren kann (vgl. Titelbild). Diese Grundentscheidung – ein Leben mit oder ohne Gott – ist in der Katechese nicht zu verdrängen, sondern vielmehr ins Zentrum zu stellen:

Was habe ich denn davon, wenn ich Christ bin, was hat mein Kind davon, wenn es zur Kommunion geht, oder was hat mein pubertierender Sohn davon, wenn er sich für den Umbruch in seinem Leben Gottes Kraft und Gottes Energie zusagen und auf seine Stirne salben lässt?

Es soll für die Menschen deutlich werden: »Das hat mit mir zu tun!«

Kirche hat der Gottesberührung zu dienen. Spirituell geht es um Zeugnis-kraft. Es geht um die tiefe Überzeugung, dass Gott den Menschen guttut. Mit ihnen das zu kommunizieren, ist Grundaufgabe.

Andererseits ist zu respektieren, wenn Menschen das ganz anders sehen. Das gehört auch zur Ethik des Verkündigens.

Immer wieder ist mir der Spruch begegnet: »Die wollen doch nur die Leute rekrutieren!« Diese Ansage kam übrigens von zum Teil hoch bezahlten Mit-arbeiterinnen und Mitarbeitern in Ordinariaten und in der Seelsorge. Und ich habe mich manchmal gefragt, wo die denn Theologie studiert haben und mit welcher »militärischen« Option sie unterwegs sind.

Ich will niemand rekrutieren. Es ist die alleinige Entscheidung jedes Einzel-nen. Aber in meiner Umgebung habe ich es ganz oft erlebt, dass Menschen nach einer gelingenden Erstkommunionkatechese als Elternkatechese und Katechese mit Kindern dankbar rückgemeldet haben, dass sie wieder neu in Berührung mit Gott und mit der Gemeinde gekommen sind und sich aus-drücklich dafür bedanken.

12. Raus aus der Resignationsfalle – in der Gemeinde Gottesberührung fördern

Gemeindekatechese ist der Überbegriff für katechetische Prozesse zwischen den Generationen. Sie darf nicht nur auf Initiationskatechese reduziert werden. Jugendkatechese, Seniorenkatechese, Erwachsenenkatechese mit und von Singles sind wichtige Felder. Allerdings: Wer Taufkatechese, Kommunionkatechese, Bußkatechese, Firmkatechese, Ehekatechese nicht als einen wesentlichen, integrativen Bestandteil der Gemeindekatechese ernst nimmt, verkennt die realen Herausforderungen.

Ein Blick in die Statistik der Deutschen Bischofskonferenz »Zahlen und Fakten 2016 / 2017«[55] zeigt dies:
»Durch die Taufe werden Menschen zu ›Kindern Gottes‹ und Mitgliedern in der Glaubensgemeinschaft der Christen – der Kirche. Das Sakrament hat seinen Ursprung in der Taufe Jesu durch Johannes im Fluss Jordan. Im Jahr 2016 werden 171.531 Menschen durch die Taufe in die katholische Kirche aufgenommen, darunter 3.247 Erwachsene (nach Vollendung des 14. Lebensjahrs), die größtenteils aus den alten (96 Prozent) Bundesländern stammen. Die Bedeutung des Erwachsenenkatechumenats wächst zwar, trotzdem wird die Taufe in den meisten Fällen im ersten Lebensjahr vollzogen.«

Ein ähnliches Bild zeichnet sich für die Erstkommunion ab:
»Katholisch getaufte Kinder gehen laut Statistik fast ausnahmslos zur Erstkommunion. Dieses Fest hat für die meisten Kinder eine besondere Bedeutung, mit seiner intensiven Vorbereitungszeit und der eigentlichen Feier im Kreis der Familie und Freunde. Bei der Erstkommunion erfahren Kinder die einladende Gemeinschaft mit Gott, das heißt, sie werden in die Mahlgemeinschaft mit Gott und der Gemeinde aufgenommen. In der Regel gehen Kinder in der dritten Klasse, im Alter von etwa neun Jahren, zur Erstkommunion. Traditionsgemäß findet die Feier am ersten Sonntag nach Ostern, dem ›Weißen Sonntag‹, statt. Im Jahr 2016 gibt es 176.297 Kommunionkinder.«
Wenn 176 000 Kinder zur Erstkommunion gehen, dann ist dies ein katechetisches Großprojekt von und mit Eltern und Kindern allein in Deutschland.

Oft sehen sich Hauptamtliche für die Begleitung von Elterngruppen nicht kompetent ausgebildet. Eine innovativere Aus- und Weiterbildung wird dringlicher denn je. Denn die Rolle der Hauptamtlichen als »Begleiter der Begleiter« wird nun einmal zunehmend wichtiger.

Begleitung der begleitenden Eltern

Katechese bedarf – wenn es auch um eine missionarische Ausstrahlung gehen soll – der Begleitung derer, die ihrerseits wieder in den Nachbarschaften und Familien andere in der Gottesberührung begleiten.

Die entscheidende Frage für die Zukunft der Gottesberührung speziell in der Sakramentenkatechese, lautet:

Wie kann eine kompetentere Begleitung von Multiplikatoren in den größer werdenden Seelsorgeeinheiten gelingen?

Damit ist gleichzeitig ein weiterentwickeltes Selbstverständnis der Hauptamtlichen in pastoralen Berufen nötig, weg von der auch zeitlich überfordernden Mentalität »Eltern können das doch nicht« hin zu einem spirituellen Paradigmenwechsel: In den getauften und gefirmten Müttern und Vätern ist der Geist Gottes bereits da, viele – nicht alle – können mehr, als ihnen von den Akteuren pastoraler Berufe zugetraut wird.

Man kann auch in unseren Gemeinden erleben, wie je nach Kommunikationsqualität und katechetischem Konzept Eltern ganz leicht oder nur schwierig zu gewinnen sind, ihre Kinder katechetisch zu begleiten. Grundsätzlich ist die Ausgangssituation hier erstaunlich verschieden.

In – leider – vielen Gemeinden wird die Erstkommunionvorbereitung auf wenige Wochen zurückgefahren. In anderen Gemeinden hingegen greift Schritt für Schritt das immer drängender und einsichtiger werdende Prinzip der »Entschleunigung«. Der hausgemachte »katechetische Stress«, der sich für viele Kinder und Eltern auf wenige Wochen konzentriert und manchmal hochdosiert in einer strukturierten Erstkommunion-Katechese ausbricht, würde erst gar nicht zustande kommen, wenn die Wege der Initiation zeitlich kreativer gestaltet würden: zeitlich gestreckt, verlangsamt, entschleunigt.

Wie ist dies angesichts der größer werdenden Gemeinden und knappen Personalressourcen realisierbar?

Gottesberührung entsteht durch Nähe und intensive sowohl inhaltliche als auch kommunikative Solidarität. Nähe ist nicht einfach eine Frage der lokalen Nachbarschaft, sondern vielmehr eine Frage kultureller Solidarität in den Freuden und Nöten der Menschen, wie das Zweite Vatikanische Konzil dies in der Pastoralkonstitution formuliert hat. Welche Qualitätskriterien von Nähe sind zu diskutieren? Es geht um ein Mehr im Sinne von Empathie und solidarischer Mentalität. Damit ist die Herausforderung gemeint, sich als Gemeinde auf die konkreten Lebenssituationen etwa junger Familien ernsthaft einzulassen: ihre Balance, ihre Sorgen mit den Kindern in der Schule und in der Erziehung, in Krankheit und materieller Not. Es geht um empathische Nähe und Solidarität mit Menschen in Stress und Lebenskrisen – Partnerschaftsprobleme, Pflegebedürftigkeit, Hoffnungslosigkeit angesichts von Arbeitsplatzverlust.

Es ist dabei erst recht wichtig, »den anderen als anderen« (E. Levinas) wahrzunehmen und ihm – welcher Nation, welcher Hautfarbe, welcher sozialen Herkunft, welcher Religion auch immer er zugehört – innerlich die Hand auszustrecken.

Spirituelle Nähe meint gleichzeitig auch, für das Reich der Gerechtigkeit, der Liebe und des Friedens einzutreten. Das Reich Gottes ist nahe gekommen auch für die Menschen, die von der Kirche weit entfernt sind – bewusst oder unbewusst.

Eltern und Jugendliche, die Kommunionkindergruppen leiten, und Elternbegleiter für die Elterntreffen können zeitlich – entstresst – kompakt begleitet werden. Oft sind sie für eine solche Intensivierung der kommunikativen und theologischen Wegbegleitung sogar dankbar, weil sie ihnen mehr Sicherheit gibt.

Das Leitungsteam plant, steuert und begleitet gemeindekatechetisch die Leiter der verschiedenen Treffen im konkreten Zeitablauf (vgl. Kap. 9). Erfahrungsgemäß hervorragende Effekte erbringt das persönliche (Einzel-) Gespräch mit den Kommunioneltern und Kindern am Beginn des Kommunionweges:

Wir brauchen Eucharistie als Gottesberührung vor Ort – in kleinen überschaubaren Gemeinschaften und nicht zentralisiert in immer anonymer werdenden Seelsorgeräumen.

Wir werden in der Zukunft auch viele Priester mit Zivilberuf brauchen, um die erfahrbare Nähe der eucharistischen Berührung in überschaubaren Lebensräumen der Menschen spürbar und erlebbar feiern zu können. Dies hat Joseph Ratzinger bereits vor Jahrzehnten vorgeschlagen![56] Diese Tradition der Nähe zu den Menschen hat die Kirche über Jahrhunderte realisiert – heute gibt sie diese auf oder verliert sie stillschweigend.

Initiationskatechese und Gemeindeentwicklung

Gemeindeentwicklung geschieht Schritt für Schritt. Man muss sich mehrere Jahre Zeit geben, bis sich die Mentalität ändert und Eltern von der »Servicementalität« wegkommen und selbst mitwirken. Allerdings sind angesichts der Ausgangslage, dass viele Eltern im Blick auf Erziehung ratlos sind, neue Chancen und Herausforderungen gegeben, diesen Aufbruch zu konkretisieren und effektiv zu gestalten.

Langjährige Erfahrungen zeigen, dass sich Gemeinden über den Weg der Familienkatechese eindrucksvoll weiterentwickelt haben. Logischerweise generiert sich durch diese Glaubenskommunikation Schritt für Schritt mehr Interesse.

Eine Mutter äußerte nach dem Abend zum Thema: »Wie ich mir das Leben nach dem Tode vorstelle – und was dies mit Tod und Auferweckung Jesu

Christi zu tun hat«, spontan: »Wenn wir diese Elterntreffen nicht hätten, hätte ich mich mit diesem Thema gar nicht auseinandergesetzt, wo es sich doch dauernd stellt.«

13. Kreativer Ausblick – Katechese als Begegnung, Berührung und Bewegung
Reinhold Boschki

Es gibt Begegnungen mit Menschen, die uns berühren, wir werden von ihren Geschichten angerührt, ihre Worte bewegen uns. Für religiöses Lernen, das innerhalb der Kirche als Katechese bezeichnet wird, gehören die drei »B« eng zusammen: Begegnung, Berührung und Bewegung. Für heutige Katechese können diese drei Leitworte wegweisend sein. Denn sie gehen weit über »Vermittlung« einer bestimmten Lehre oder bestimmter Wahrheiten hinaus. Das Wesentliche im Leben und im Glauben kann man nicht vermitteln. Es wird erfahren. Die biografisch wichtigen und für den Glauben relevanten Erfahrungen setzen Begegnungen und Berührungen voraus – und sie setzen Bewegungen in Gang.

Am Anfang der Katechese steht die Begegnung

Wenn wir in unsere eigene Biografie blicken oder andere Menschen fragen, was sie am meisten geprägt hat, dann sind es Begegnungen. Aus diesem Grunde hat der jüdische Philosoph Martin Buber bereits vor hundert Jahren das menschliche Zusammenleben analysiert und die Bedeutung der Begegnung für alle Menschen hervorgehoben. Unsere Identität ist eine Summe der Begegnungen, die wir von Kindesbeinen an – und schon davor – gemacht haben. Die erste Begegnung ist die wichtigste, die Begegnung mit der Mutter im Mutterleib. Sie wird durch die Begegnungen mit der Mutter und anderen Bezugspersonen fortgesetzt. Sie alle hinterlassen Spuren, die unserer Persönlichkeit ihr jeweiliges Gepräge geben. Martin Buber fasst diese elementare Einsicht in seinem berühmten Satz zusammen: »Ich werde am Du. … Alles wirkliche Leben ist Begegnung.«[57]
Diese Gedanken können auch für Bildungserfahrungen fruchtbar gemacht werden. Jede Bildung des Menschen und seiner Persönlichkeit setzt eine Begegnung voraus, im Idealfall mit einem anderen Menschen, der einem etwas erzählt, beibringt, vorlebt oder in ein bestimmtes Thema einführt. Es kann aber auch ein Buch sein, mit dem wir uns selbst bilden, ein Film, der uns berührt und zum Nachdenken bringt, ein Song, eine Information, die auch dem

Internet entstammen können. Entscheidend ist die Quelle: Wer sagt uns was mit welcher Intention?

In der Katechese sind es in der Regel Menschen, die von etwas überzeugt sind und dies mit anderen teilen möchten. Sie können es teilen und mitteilen, wenn sie in Begegnung mit anderen treten. *Katechese ist in erster Linie ein Weg der Begegnung.* Alle katechetischen Überlegungen und Planungen sollten mit der Frage beginnen: Wie können wir Begegnungen ermöglichen?

Hintergrundinformation
Katechese ist auf Beziehung angewiesen

Begegnungen sind die Grundlage einer beginnenden Beziehung, die dann entstehen kann, wenn man Vertrauen gewinnt, sich in der Gemeinschaft wohl fühlt, ernst genommen und respektiert wird. In einer Gruppe, in einem Kreis zum Beispiel von Kindern, Jugendlichen, Eltern oder weiteren Erwachsenen kann solches Vertrauen wachsen, können sich Beziehungen entwickeln.

Wir haben in unseren empirischen Forschungen herausgefunden, dass Kinder in der Kommunionkatechese besonders dann viel mitnehmen, wenn die Beziehung zu den Leiterinnen und Leitern, den Katechetinnen und Katecheten positiv ist, wenn man mit Freude und Spaß gemeinsam etwas erarbeitet, wenn die Atmosphäre, das »Gruppenklima« angenehm und förderlich ist.[58] Die entscheidenden Faktoren für das Gelingen von Katechese ist die Begegnungs- und Beziehungsqualität der Beteiligten.

Selbstverständlich sind die Inhalte und Materialien ebenso wichtig, aber die besten Inhalte, Materialien und Methoden nützen nichts, wenn sie nicht auf positiven Begegnungs- und Beziehungserfahrungen aufruhen. Begleitung von Katechetinnen und Katecheten muss also in erster Linie eine Bemühung darstellen, deren kommunikative Kompetenz zu fördern.

Diese kann sich dann zum Beispiel in Erstgesprächen mit den Betroffenen Menschen bewähren. Es gibt Gemeinden, die alle Kommunionkinder und ihre Eltern ein Mal zu Hause besuchen, ebenso alle Jugendlichen, die sich für die Firmung interessieren, alle Taufeltern usw. In diesen Gesprächen nimmt die Katechese ihren Anfang, Begegnung geschieht, Beziehungen bahnen sich an, die dann in den Gruppen, Gottesdiensten, Elterntreffs, Wochenendveranstaltungen usw. fortgesetzt werden können.

In solchen katechetischen Begegnungen können Menschen mit Kirche, mit dem Evangelium und schließlich auch mit Gott und Jesus Christus in Berührung kommen.

Katechese als Neuschöpfung durch Berührung

Wie kann das geschehen, mit Gott in Berührung zu kommen? In diesem Buch finden sich viele Hinweise, wie solche Gottesberührungen ermöglicht werden können. Wenn wir wiederum in die Tradition des Judentums blicken, aus dem das Christentum hervorgegangen ist und das weiterhin Partnerreligion auf dem Weg zu Gott bleibt, können wir auch den christlichen Weg tiefer verstehen. Die jüdische Tradition kennt und überliefert unzählige Berührungsgeschichten zwischen Mensch und Gott. Von einigen war im Laufe dieses Buches schon die Rede. Besonders eindrücklich ist auch die Berührungsgeschichte des »Suizidkandidaten« Elija (1 Kön 19).

Elija, einst ein machtvoller Prophet, wird von großer Angst gepackt, bekommt Selbstzweifel, wird völlig mut- und kraftlos – heute würde man sagen, er hat ein totales »Burnout«, eine lebensbedrohliche Depression. Er geht an den Rand der Wüste, legt sich unter einen Strauch und will nur noch sterben. Doch Gott lässt ihn nicht in Ruhe, er schickt einen Engel und lässt ihn Elija zwei Mal berühren. Der Engel schickt Elija wortwörtlich »in die Wüste«. Dort, auf einem Berg in einer Höhle, berührt Gott Elija selbst. Doch diese Berührung ist so unscheinbar, so sanft und zärtlich, dass die Bibel nur von einem kaum merklichen Windhauch berichtet, von einem »sanften, leisen Säuseln« (1 Kön 19,12).

Der schon zitierte Martin Buber hat diese Bibelstelle zusammen mit Franz Rosenzweig besonders poetisch ins Deutsche übersetzt: Elija spürt eine »Stimme verschwebenden Schweigens«. Die Gottesberührung, von der in diesem Buch die Rede ist und die in der Katechese angebahnt werden kann, ist also mitunter völlig unspektakulär, nicht im großen Getöse, zum Beispiel im Rummel und Wirbel großartiger Veranstaltungen, sondern im Stillen, im Kleinen, im Unscheinbaren möglich.

Der springende Punkt nun ist, dass Gottesberührungen eine Neuschöpfung bewirken. Elija verändert sein Leben, wird mit neuem Mut und Kraft ausgestattet und beginnt etwas Neues. Genauso hatten wir es oben schon von den Berührungen der Menschen mit Jesus gehört.

Hintergrundinformation
Impulse aus der jüdischen Tradition

Katechese ist ein Prozess der Neuschöpfung, der Veränderung, der Erneuerung. Keineswegs geht es darum, dass alles beim Alten bleibt, dass eine Tradition starr überliefert oder einfach weitergegeben wird.

Ein großer jüdischer Gelehrter, Gershom Scholem, hat sich intensiv mit seiner eigenen, der jüdischen Tradition auseinandergesetzt und festgestellt, dass die Überlieferung nur dann lebendig bleiben kann, wenn sie das Element des Schöpferischen und Spontanen für sich entdeckt.[59] Die Überlieferung – analog also die Katechese – ist ein »schöpferischer Prozess«[60], der sowohl die Tradition als auch die Menschen, die mit ihr in Berührung kommen, verändert. Das Schöpferische ist Gottes Gegenwart selbst, Gott will in eine »lebendige Berührung«[61] mit den Menschen kommen, um sie zu erneuern.

Katechetische Bemühungen haben stets die Erneuerung der Beteiligten im Blick, sie wollen eine kreative Neuschöpfung ermöglichen, die aus der Gottesberührung erfolgen kann. »Um Christen glaubenskompetent zu machen, bedarf es mehr als eines mündlichen Glaubensbekenntnisses. Es bedarf der Berührung …«[62] Der gesamte katechetische Lernprozess könnte dann, wie Matthias Gronover vorschlägt, ein »Lernen als Berührung« darstellen, in dem die innere Berührung der Menschen mit Gottes Gegenwart im Mittelpunkt steht.

Liturgische und meditative Angebote, die zur Stille, zum bewussten Atmen, zur Ruhe und Besinnung führen, ansteckende Lieder und Gesänge, kleine, aber wirkmächtige Zeichenhandlungen und Rituale, Gebete und Schweigeübungen – gerade während der Gruppenstunden und Elterntreffs – können sich als zentrale Elemente des katechetischen Weges erweisen.

Berührungen führen zur Bewegung

Eine Reihe von Dominosteinen kann durch eine einzelne Berührung in Bewegung gesetzt werden, auch eine Saite einer Gitarre wird durch eine zarte Berührung ins Schwingen versetzt, eine riesige Glocke kann durch das leichte Antippen mit einem Hämmerchen zum Tönen gebracht werden. Analoges gilt für innere Berührungen, wie sie in der Katechese angebahnt werden und in die Berührung mit Gottes Gegenwart münden können.

Hintergrundinformationen
Impulse aus der Soziologie

Berührungen bewegen die Menschen, bringen sie zum Schwingen und Klingen, zur Resonanz. Der Soziologe Hartmut Rosa beschreibt »Resonanz« als ein Grundphänomen des menschlichen Lebens und Zusammenlebens. Es ist ein »wechselseitiges Berühren und Berührtwerden«[63]: »Resonanz ... bezeichnet ein wechselseitiges Antwortverhältnis, bei dem die Subjekte sich nicht nur *berühren lassen*, sondern ihrerseits zugleich zu berühren, das heißt handelnd *Welt zu erreichen* vermögen.«[64]

Vor dem Hintergrund eines solchen Verständnisses kann auch die Berührung, die in katechetischen Prozessen ermöglicht wird, als gegen- und wechselseitig bezeichnet werden. Katechese ist keine »One-way-Handlung«, kein »Top-down-Prozess«, sondern will wechselseitige Bewegungen initiieren. Die Beteiligten sind nicht passive Empfänger, sondern aktive und interaktive Subjekte ihres eigenen Lernprozesses. Das scheinen große, theoriegeladene Worte zu sein, aber das Gemeinte kann sich in ganz einfachen Elementen der Katechese widerspiegeln. Zum Beispiel, wenn Kinder und Jugendliche selber zum Theologisieren gebracht werden, wenn sie also Impulse bekommen, um selbstständig weiterzudenken und eigene Ideen zu entwickeln – und wenn diese eigenen Beiträge von den Katechetinnen, den Gruppenbegleitern und Verantwortlichen wertgeschätzt werden. Oder wenn Eltern durch ermutigende Begleitung plötzlich selber Feuer fangen und sich engagieren, wenn Kinder und Eltern sich zu Hause über religiöse Themen austauschen, wenn Firmgruppen ins Gespräch über die Gottesfrage kommen, wenn sich Beteiligte entschließen, auch weiterhin in kleinen Gemeinschaften, Jugend- oder Elterngruppen aktiv zu sein. Oder wenn sich Katechesegruppen auf die interaktive Begegnungen mit anderen Konfessionen und Religionen einlassen. Auch die *innere* Resonanz, die innere Bewegung, die durch angemessene liturgische und meditative Angebote angestoßen werden kann, ist ein wechselseitiges, dynamisches Geschehen. Es bringt Bewegung in das Leben der Menschen, es bewegt Einzelne und Gruppen, die ihrerseits andere bewegen.

Die Vorschläge, die in diesem Band zu finden sind, wollen etwas und uns selbst bewegen. Wenn Katechese bewegt, hat sie viel erreicht. Gott selbst will uns in Bewegung versetzen, aus dem bequemen Sessel holen, vom Hocker reißen, damit wir uns aufmachen, aufbrechen, Neuland entdecken. Katechetische Bemühungen können an dieser Bewegung teilhaben, wenn sich alle Beteiligten für die Begegnung untereinander und mit Gott bereit machen, wenn sie sich berühren lassen und Gottesberührung ermöglichen.

Literaturverzeichnis

Altmeyer, Stefan, Katechese 2025, in: Katechetische Blätter (143) 2018, 219–225.

Altmeyer, Stefan, Woran sich MitarbeiterInnen in der Katechese orientieren, in: Katechetische Blätter (143) 2018, 226–231.

Altmeyer, Stefan / Hermann, Dieter, »Wer hat, dem wird gegeben«. Eine Evaluation der Erstkommunionkatechese, in: Theologische Quartalschrift (194) 2014, 22–38.

Biesinger, Albert, Art. Erstkommunion, Erstkommunionkatechese. Wissenschaftlich-Religionspädagogisches Lexikon im Internet (WiReLex) 2018. www.bibelwissenschaft.de/wirelex/wirelex

Biesinger, Albert, Gott mit Kindern wiederfinden. Ein Begleiter für Mütter und Väter, Freiburg 2010.

Biesinger, Albert, Wie Gott in die Familie kommt. Zwölf Einladungen, München 2008.

Biesinger, Albert, unter Mitarbeit von Hiller, Simone, Gotteskommunikation: religionspädagogische Lehr- und Lernprozesse in Familie, Gemeinde und Schule, Ostfildern 2. Aufl. 2012.

Biesinger, Albert / Bendel, Herbert / Berger, Barbara / Biesinger, David / Hauf, Jörn, Gott mit neuen Augen sehen. Wege zur Erstkommunion. Familienbuch, München 8. Aufl. 2017a.

Biesinger, Albert / Bendel, Herbert / Berger, Barbara / Biesinger, David / Hauf, Jörn, Gott mit neuen Augen sehen. Wege zur Erstkommunion. Für die Kindertreffen – Leitfaden, München 4. Aufl. 2017b.

Biesinger, Albert / Boschki, Reinhold / Hauf, Jörn, Gott mit neuen Augen sehen. Wege zur Erstkommunion. Für das Leitungsteam und die Elterntreffen – Leitfaden, München 2012.

Biesinger, Albert / Berger, Barbara / Mittler-Holzem, Marlies (Hg.), Abend-Oasen. Geschichten – Rituale – Gebete – Spiele. Ein Gute-Nacht-Buch für junge Familien, München 2006.

Biesinger, Albert / Biesinger, Julia, Wenn die Enkelkinder nach Gott fragen. Eine Ermutigung für Großeltern, Stuttgart 2016.

Biesinger, Albert / Biesinger, Julia, Kindern Grundvertrauen und Orientierung geben: Ein Elternbegleiter durch den Erziehungsalltag, Ostfildern 2017.

Biesinger, Albert / Braun, Gerhard, Gott in Licht und Dunkel sehen. Werkbuch für Kindergarten, Schule und Gemeinde, München 2004.

Biesinger, Albert / Gaus, Edeltraud / Gaus, Ralf, Hört Gott uns, wenn wir beten? Wenn Kinder mehr wissen wollen, Freiburg 2009.

Biesinger, Albert / Gaus, Edeltraud / Gaus, Ralf, Warum hat Gott die Welt gemacht? Antworten auf Kinderfragen, Freiburg 2010.

Biesinger, Albert / Gaus, Edeltraud / Gaus, Ralf, Warum müssen wir sterben? Antworten auf Kinderfragen, Freiburg 2011.

Biesinger, Albert / Gaus, Ralf / Stroezel, Holger, Wie Gemeindekatechese Zukunft hat, in: Biesinger, Albert, unter Mitarbeit von Hiller, Simone, Gotteskommunikation: religionspädagogische Lehr- und Lernprozesse in Familie, Gemeinde und Schule, Ostfildern 2. Aufl. 2012, 138–153.

Biesinger, Albert / Kerner, Hans-Jürgen / Klosinski, Gunther / Schweitzer, Friedrich (Hg.), Brauchen Kinder Religion? Neue Erkenntnisse – Praktische Perspektiven, Weinheim 2005.

Biesinger, Albert / Kießling, Klaus, Was gewinnen Kinder durch religiöse Erziehung?, in: Wege zum Menschen 57 (2005) 3, 222–228.

Biesinger, Albert / Mayer-Klaus, Ulrike, Was feiern wir an Weihnachten? Wenn Kinder mehr wissen wollen, Freiburg 2007.

Biesinger, Albert / Wohnhaas, Andrea (Hg.), Das große Buch der Elternschule, Ostfildern 2008.

Blasberg-Kuhnke, Martina, Religiöse Erziehung in der Familie. Thesen zur Situation und Zukunft religiöser Elementarerziehung im Kontext der entfalteten Moderne, in: Lesch, Karl Josef / Spiegel, Egon (Hg.), Religionspädagogische Perspektiven. Kirche, Theologie, Religionsunterricht im 21. Jahrhundert, Kevelaer 2004, 65–72.

Boschki, Reinhold, Einführung in die Religionspädagogik. In Zusammenarbeit mit Stephan Altmeyer und Julia Münch, Darmstadt 2008.

Boschki, Reinhold, Zeit-Raum mit Gott. Dialogisch-kreative Katechese unter den Bedingungen der »flüchtigen Moderne«, in: Altmeyer, Stefan / Bitter, Gottfried / Boschki, Reinhold (Hg.), Christliche Katechese unter den Bedingungen der »flüchtigen Moderne«, Stuttgart 2016, 19–36.

Buber, Martin, Ich und Du (1923), in: ders., Das dialogische Prinzip, Heidelberg 5. Auflage 1984, 7–136.

Deutscher Katecheten-Verein, Erzdiözese München und Freising, »Das ist mein Leib für Euch« (Tl. 1). Arbeitshilfe zur Erstkommunionkatechese, München 2015.

Die deutschen Bischöfe Nr. 75, Katechese in veränderter Zeit, Sekretariat der Deutschen Bischofskonferenz Bonn 2004.

Ehebrecht-Zumsande, Jens, Generationenverbindende Kommunionkatechese. Anregungen und Bausteine, Ostfildern 2017.

Fiese, Barbara H. / Tomcho, Thomas J. / Douglas, Michael / Josephs, Kimberly / Poltrock, Scott / Baker, Tim, A Review of 50 Years of Research on Naturally Occuring Family Routines and Rituals. Cause for Celebration?, in: Journal of Family Psychology 16(4), 2002, 381–390.

Forschungsgruppe »Religion und Gesellschaft«, Werte – Religion – Glaubenskommunikation. Eine Evaluationsstudie zur Erstkommunionkatechese, Wiesbaden 2015a.

Forschungsgruppe »Religion und Gesellschaft«, Erstkommunionkatechese – eine Evaluationsstudie, in: Religionspädagogische Beiträge 72 (2015b),117–127.

Geers, Annette, Glauben gemeinsam er-leben – Generationenübergreifende Katechese in der Sakramentenvorbereitung der Pfarreiengemeinschaft Freren, in: Hennecke, Christian / Dörsam, Anke (Hg), Generationen des Glaubens. Kontexte, Modelle und Erfahrungen generationenübergreifender Katechese, München 2015, 81–96.

Grom, Bernhard, Religionspsychologie. München 3. Aufl. 2007.

Gronover, Matthias, Katechetisches Lernen als Berührung. Ein differenzorientiertes Konzept von Katechese, in: Altmeyer, Stefan / Bitter, Gottfried / Boschki, Reinhold (Hg.), Christliche Katechese unter den Bedingungen der »flüchtigen Moderne«, Stuttgart 2016, 103–113.

Hauf, Jörn, Familienbiographische Katechese. Unterwegs mit Familien in der Erziehungsphase, Ostfildern 2004.

Hauf, Jörn, Familienbiographische Katechese, in: Kaupp, Angela / Leimgruber, Stephan / Scheidler, Monika (Hg), Handbuch der Katechese. Für Studium und Praxis, Freiburg 2011, 464–475.

Hermann, Dieter, Christliche Religiosität und Kriminalität. Eine neue Antwort auf eine alte Frage, in: Münk, Hans J. / Durst, Michael (Hg.) Kirche, Theologie und Bildung, Theologische Berichte 32, Freiburg / Schweiz, 183–217.

Hilberath, Bernd Jochen, Eucharistische Gastfreundschaft – eine ekklesiologische Unmöglichkeit?, in: D. Sattler / G. Wenz (Hg.), Sakramente ökumenisch feiern. Vorüberlegungen für die Erfüllung einer Hoffnung (FS Th. Schneider), Mainz 2005, 278–290.

Hilberath, Bernd Jochen, Grundzüge einer Theologie der Eucharistie, in: Katechetische Blätter 133 (2008) 174–180.

Hilberath, Bernd Jochen, Sakramente – Feiern der Anerkennung, hier als Grundlegung: Anerkennung – oder: Was ist Wirklichkeit?, in: R. Boschki u. a. (Hg.), Religionspädagogische Grundoptionen. Elemente einer gelingenden Glaubenskommunikation (FS A. Biesinger), Freiburg 2008, 152–168.

Hilberath, Bernd Jochen, Taufe und Gemeindeentwicklung. Anmerkungen aus dogmatischer Sicht, in: W. Kasper u. a. (Hg.), Weil Taufe Zukunft gibt, Ostfildern 2011, 25–33.

Hilberath, Bernd Jochen, Eucharistietheologische Elementarisierungen für Eltern und Kinder, in: ThQ 194 (2014) 50–60.

Hilberath, Bernd Jochen, »Wasser und Geist« als Quelle des Lebens, in: R. Triebskorn / J. Wertheimer (Hg.), Wasser als Quelle des Lebens. Eine multidisziplinäre Annäherung, Berlin-Heidelberg (2016) 2015, 39–53.

Hilberath, Bernd Jochen / Schneider, Theodor, Eucharistie B. Systematischer Grundriß, in: Neues Handbuch theologischer Grundbegriffe. Bd. 1, München 1984, 305–317 (2. Auflage 1991: Bd. 1, 426–438; Neuausgabe 2005: Bd. 1, 313–323 [Eucharistie. B. Systematisch]).

Hilberath, Bernd Jochen / Schneider, Theodor, Opfer, in: Neues Handbuch theologischer Grundbegriffe. Bd. 3, München 1984, 287–298 (2. Auflage 1991: Bd. 4, 116–127).

Hermann, Dieter / Mette, Norbert, Erstkommunionkurse auf dem Prüfstand, in: Katechetische Blätter 137 (2012), 364–370.

Jakobs, Monika, Neue Wege der Katechese. Ein Überblick der Katechese in Theorie und Praxis, München 2010.

Kasper, Walter, Die Wahrheit in Liebe tun. Schriften zur Pastoral. 2 Bde. (Walter Kasper, Gesammelte Werke) Freiburg 2018.

Kaupp, Angela / Leimgruber, Stephan / Scheidler, Monika (Hg.), Handbuch der Katechese. Für Studium und Praxis, Freiburg im Breisgau 2001, darin besonders Hauf, Jörn Peter, Familienbiographische Katechese, 464–475; Scheidler, Monika, Kinderbibelwochen und katechetische Familientage, 476–488.

Morgenthaler, Christoph, Rituale. Warum und wie sie Familien stärken, Tübingen 2005.

Papst Franziskus, Amoris Laetitia – Freude der Liebe. Nachsynodales apostolisches Schreiben Amoris Laetitia über die Liebe in der Familie, Freiburg 2016.

Ratzinger, Joseph, Glaube und Zukunft, München 1970.

Rosa, Hartmut, Resonanz. Eine Soziologie der Weltbeziehung, Berlin 2016.

Sauter, Hanns, Gottesdienste mit allen Generationen. Modelle – Gebete – Impulse, Ostfildern 2018.

Scheidler, Monika, Interkulturelles Lernen in der Gemeinde. Analysen und Orientierungen zur Katechese unter Bedingungen kultureller Differenz (Reihe Glaubenskommunikation Zeitzeichen, Bd. 11), Ostfildern 2002.

Scholem, Gershom, Offenbarung und Tradition als religiöse Kategorien im Judentum, in: ders., Über einige Grundbegriffe des Judentums, Frankfurt / M. 1970, 90–120.

Schwab, Ulrich, Familienreligiosität. Religiöse Traditionen im Prozess der Generationen, München 1995.

Schweitzer, Friedrich, Was ist und wozu Kindertheologie? in: Bucher, Anton A. / Büttner, Gerhard / Freudenberger-Lötz, Petra (Hg.), »Im Himmelreich ist keiner sauer«. Kinder als Exegeten, Jahrbuch für Kindertheologie 2 (2003), 9–19.

Schweitzer, Friedrich, Wirkungszusammenhänge religiöser Familienerziehung, in: Biesinger, Albert / Kerner, Hans-Jürgen / Klosinski, Gunther / Schweitzer, Friedrich (Hg.), Brauchen Kinder Religion? Neue Erkenntnisse – Praktische Perspektiven, Weinheim 2005.

Schweitzer, Friedrich / Biesinger, Albert (in Zusammenarbeit mit Bausenhart, Anne / Conrad, Gabriele / Rink, Cornelia), Religiöse Erziehung in evangelisch-katholischen Familien, Freiburg 2009.

Schweitzer, Friedrich / Biesinger, Albert / Edelbrock, Anke, Mein Gott – Dein Gott. Interkulturelle und interreligiöse Bildung in Kindertagesstätten, Weinheim 2008.

Steffensky, Fulbert, Bedeutsame Orte, bedeutsame Zeiten: Der Glaube wächst von außen nach innen, in: Publik-Forum Extra 38, Gepflanzt am Wasser des Lebens. Kinder brauchen Religion, 2004.

Treibel, Angelika / Fiedler, Perke / Boschki, Reinhold, Perspektiven für eine innovative Erstkommunionkatechese, in: Theologische Quartalschrift 194 (2014), 61–82.

Zehnder Grob, Sabine / Morgenthaler, Christoph / Käppler, Christoph, Religious Socialisation in the Family – A Multi-Dimensional and Multi-Level Perspective, in: Francis, Leslie J. / Robbins, Mandy / Astley, Jeff (Ed.), Qualitative, Quantitative and Comparative Perspectives in Empirical Theology, London, 291–320.

Anmerkungen

1   Vgl. dazu auch Biesinger / Biesinger, 2016.

2   Biesinger / Hiller, 2. Aufl. 2012.

3   Vgl. als differenzierten Hintergrund dazu Biesinger unter Mitarbeit Hiller, 2012.

4   Biesinger / Berger / Mittler-Holzem, 2006; Biesinger / Mayer-Klaus, 2007; Biesinger / Gaus / Gaus, 2009; Biesinger / Gaus / Gaus, 2010; Biesinger / Gaus / Gaus, 2011.

5   Soziologisch gesehen ist Familie der Raum, in dem mindestens ein Elternteil mit einem Kind in einem Haushalt lebt und in dem vorwiegend die religiöse Erziehung in intergenerationeller Form stattfindet (vgl. hierzu Biesinger / Kerner / Klosinski / Schweitzer, 2005; Kießling, 2003, 82; ebenso Kaufmann, 1995b).

6   Vgl. dazu weiterführend Blasberg-Kuhnke, 2004, 66.

7   Vgl. Biesinger / Biesinger, 2016.

8   Schweitzer, 2005, 19.

9   Hermann, 2009.

10   Biesinger / Kießling, 2005.

11   Grom, 2007.

12   Steffensky, 2004, 19.

13   Ebd.

14   Vgl. ebd.

15   Fiese / Tomcho / Douglas, 2002; Morgenthaler, 2005; Zehnder / Morgenthaler / Käppler, 2008.

16   Morgenthaler, 2005, 4.

17   Ebd., 5.

18   Schweitzer, 2003, 11.

19   Vgl. Biesinger, 2008, 53 ff; Biesinger / Braun, 2004; Biesinger, 2010; Biesinger / Wohnhaas, 2008.

20   Kasper, 1970.

21   Zu finden unter: www.elternbriefe.de

22   Vgl. Schweitzer / Biesinger / Edelbrock, 2008; Biesinger / Kerner / Klosinski / Schweitzer, 2005; Schweitzer / Biesinger, 2009.

23 Vgl. Biesinger / Wohnhaas, 2008.

24 Vgl. Schweitzer / Biesinger / Edelbrock, 2008; Biesinger, 2005; Schweitzer / Biesinger, 2009.

25 Gekürzt zitiert aus: Wilhelm Willms, Der geerdete Himmel, Kevelaer 1981.

26 Biesinger / Bendel / Berger / Biesinger / Hauf, 2017a.

27 Ebd., 19.

28 Biesinger / Bendel / Berger / Biesinger / Hauf, 2017a.

29 Ebd.

30 Von einer »problematischen Familiarisierung der Eucharistie« zu sprechen (Deutscher Katecheten-Verein, 2015, 58), basiert auf einer wissenschaftlich falschen Rezeption dieses Ansatzes, der eben die Erstkommunionkatechese gerade nicht ausschließlich den Familien allein überlässt. Vielmehr hat das katechetische Leitungsteam – beauftragt von der Gemeinde – die unersetzliche Aufgabe der »Begleitung der Begleiter«: Es geht um die erwachsenenkatechetische Begleitung der Eltern, die Begleitung der Gruppenleiterinnen und Gruppenleiter der Kindergruppen sowie um die Feier der Eucharistie – mystagogischer Gottesdienste durch und in der Gemeinde.
Die Evaluierungsstudie der Deutschen Forschungsgemeinschaft hat nirgendwo Belege für den Verdacht eines »Familiarismus« bei Eltern belegen können, sehr wohl aber massive Defizite in der Begleitung von Eltern in ihrer Gabe und Aufgabe der Glaubenskommunikation mit den eigenen Kindern. Auch schon in einer Pilotstudie wird die spezielle Wirkung von Familienkatechese deutlich belegt (Biesinger / Gaus / Stroezel, 2012, 138–153).

31 Biesinger / Bendel / Berger / Biesinger / Hauf, 2017a.

32 Biesinger / Bendel / Berger / Biesinger / Hauf, 2017b.

33 Biesinger / Boschki / Hauf, 2012.

34 Biesinger / Bendel / Berger / Biesinger / Hauf, 2017a.

35 Treibel / Fiedler / Boschki, 2014, 81.

36 Vgl. Hermann / Mette, 2012.

37 Biesinger / Gaus / Stroezel, 2012, 138–153.

38 Familienorientierte Erstkommunionkatechese ist im religionspädagogischen Diskurs seit Jahren ein wichtiges Thema. Jörn Peter Hauf hat dazu wichtige Forschungen vorgelegt (Hauf, 2004), auch speziell zu »Merkmale familienbiographischer Katechese in der Gemeinde« (Hauf, 2011, 464–475). Monika Ja-

kobs beschreibt »Wie geht Familienkatechese?« prägnant (Jakobs, 2010, 74–76). Neue empirische Belege hat die Forschungsgruppe »Religion und Gesellschaft« vorgelegt (Forschungsgruppe »Religion und Gesellschaft«, 2015b, 117–127).

Jens Ehebrecht-Zumsande formuliert auf der Basis der Ergebnisse der Forschungsgruppe »Religion und Gesellschaft«, dass die Qualität der Beziehung und die zentrale Bedeutung der Eltern für Nachhaltigkeit der Katechese noch mehr in den Fokus kommen sollten. Die von ihm vorgeschlagene Intergenerationelle Katechese ist eine Form von Familienkatechese, schließlich gehört auch die Generation der Großeltern zur Familie (Ehebrecht-Zumsande, 2017; vgl. Schwab, 1995). Annette Geers verbindet »Generationenübergreifende Katechese« mit »Familienkatechese« (Geers, 2015, 81–96).

[39] Altmeyer / Hermann, 2014, 31.

[40] Ebd.

[41] Forschungsgruppe »Religion und Gesellschaft«, 2015a, 180–181.

[42] Ebd., 151.

[43] Boschki, 2016, 19–36; 161–170.

[44] Die deutschen Bischöfe, »Katechese in veränderter Zeit«, 2004, 29.

[45] Treibel / Fiedler / Boschki, 2014, 81–82.

[46] Ebd., 69; vgl. Altmeyer / Hermann, 2014, 33.

[47] Ebd.

[48] Treibel / Fiedler / Boschki, 2014, 76–77.

[49] Ebd., 69–70.

[50] Ebd., 81.

[51] Ebd., 80.

[52] Kongregation für den Gottesdienst, Direktorium für Kindermessen (1. November 1973); in Amtsblättern der Diözesen (Jahrgang 1974).

[53] Vgl. Biesinger / Biesinger, 2017, 168ff.

[54] Wie das konkret gehen kann, siehe Biesinger / Biesinger, 2017.

[55] Katholische Kirche in Deutschland – Zahlen und Fakten 2016 / 2017. Bonn, 2017, 44.

[56] Ratzinger, 1970, 122f.

[57] Buber, 1923: 1984, 15.

[58] Forschungsgruppe »Religion und Gesellschaft«, 2015.

59   Scholem, 1970, 90.
60   Ebd., 98.
61   Ebd., 120.
62   Gronover, 2016, 113.
63   Rosa, 2016, 284.
64   Ebd., 270.

Autoren

Dr. Albert Biesinger,

ist emeritierter Professor für Religionspädagogik und Kirchliche Erwachsenenbildung an der Katholisch-Theologischen Fakultät der Universität Tübingen. Er ist Ständiger Diakon, Notfallseelsorger und Vater von vier Kindern und Großvater von neun Enkelkindern.

Dr. Reinhold Boschki,

ist Professor und Leiter der Abteilung Religionspädagogik, Kerygmatik und kirchliche Erwachsenenbildung an der Katholisch-Theologischen Fakultät der Universität Tübingen.

Dr. Bernd Jochen Hilberath,

ist emeritierter Professor für Dogmatische Theologie und Dogmengeschichte und war bis 2014 Direktor des Instituts für Ökumenische und Interreligiöse Forschung an der Universität Tübingen

Matthäus Karrer,

nach Diensten als Jugendpfarrer, Schulseelsorger, Pfarrer und Dekan im Dekanat Allgäu-Oberschwaben seit 2011 Domkapitular und Leiter der Hauptabteilung Pastorale Konzeption im Bischöflichen Ordinariat in Rottenburg, seit 2017 Weihbischof und Bischofsvikar für Pastorale Konzeption in der Diözese Rottenburg-Stuttgart und Mitglied der Pastoralkommission der Deutschen Bischofskonferenz